Ulrike Itze/Edelgard Moers

Theologisieren in der Grundschule

Anleitungen und Ideen zum Umgang mit schwierigen Kinderfragen

Band 2

Persen Verlag GmbH

Die Autorinnen

Dr. Ulrike Itze – Konrektorin an einer Grundschule; bis 2004 sechs Jahre lang wissenschaftliche Mitarbeiterin am Institut für Forschung und Lehre für die Primarstufe an der Westfälischen Wilhelms-Universität Münster im Bereich Lehrerausbildung/Theorie-Praxis-Transfer. Vortrags- und Seminartätigkeit, Schulbuchautorin, Autorin pädagogischer und didaktischer Fachliteratur.

Dr. Edelgard Moers – Fachleiterin für Ev. Religion am Studienseminar für das Primarstufenlehramt in Bocholt. Schulbuchautorin, Autorin pädagogischer und didaktischer Fachliteratur.

Gedruckt auf umweltbewusst gefertigtem, chlorfrei gebleichtem
und alterungsbeständigem Papier.

1. Auflage 2008

Nach den seit 2006 amtlich gültigen Regelungen der deutschen Rechtschreibung

Illustrationen: Ulrike Bahl; die Illustration auf S. 66 unten rechts stammt von den Autorinnen
Fotos: Jürgen Moers, Dr. Ulrike Itze
Satz: MouseDesign Medien AG, Zeven

ISBN 978-3-8344-**3458**-6

www.persen.de

Inhaltsverzeichnis

Vorwort

„Glaubst du, du bist noch zu klein, um große Fragen zu stellen? Dann kriegen dich die Großen klein, noch bevor du groß genug bist." (Erich Fried)

Jeder Unterrichtende in der Grundschule ebenso wie in den weiterführenden Schulen kennt die Erfahrung, dass Kinder ihn plötzlich mit schwierigen, „großen" theologischen Fragen konfrontieren, auf die er nur wenig vorbereitet ist. Die Erforschung der theologischen Denk- und Sprachmuster von Kindern (sog. Kindertheologie, siehe Band 1) ist längst zu einem eigenen Zweig innerhalb der Religionspädagogik geworden. In der Praxis fühlen sich Lehrkräfte oft überfordert, gleichsam „auf die Schnelle" auf solche Fragen zu antworten. Gern werden daher die Schülerinnen und Schüler auf einen späteren Zeitpunkt vertröstet und oft unterbleibt die Auseinandersetzung mit solchen Kinderfragen ganz.

Wir wollen Mut machen, die Fragen und Gedanken der Kinder in das Zentrum des Religionsunterrichts zu stellen. Kinder können offen ihre Fragen, Gedanken, Probleme und Sorgen formulieren. Als Forscher und Forscherinnen setzen sie sich mit ihren eigenen Fragen auseinander, werden durch biblische oder literarische Geschichten in ihren Fragen weitergeführt und erhalten „erste" Antworten. Sie machen die Erfahrung, dass Fragen zu „vorläufigen" Antworten führen können, dass aus Fragen sich aber auch neue Fragen entwickeln können.

Nicht auf jede Frage kann und muss es eine Antwort geben; entscheidend ist, dass die Kinder – in Begleitung der Lehrperson – ihre Fragen stellen, sich mit ihnen auseinandersetzen und damit ihre eigene, auch religiöse Identität weiterentwickeln.

Die Unterrichtsbeispiele sollen Mut machen, Kinder als theologische Gesprächspartner ernst zu nehmen und ihren Fragen im Unterrichtsgeschehen der Schule angemessen zu begegnen. Theologisieren im Rahmen eines „existenzerschließenden Religionsunterrichts" ermöglicht es den Kindern, sich ihren Fragen im Schutz der Klassengemeinschaft und in Begleitung der Lehrperson zu widmen und im handelnden Prozess der Auseinandersetzung mit den Fragen ihre eigene Existenz besser zu verstehen. Religionsunterricht dient der Persönlichkeitsförderung und der Glaubensidentität, kurz: der Existenzerschließung.

Wir wünschen Ihnen in Ihrer Arbeit viel Freude beim Theologisieren und wünschen Ihnen viele spannende Momente, gemeinsam mit den Kindern „die Existenz zu erschließen". Vielleicht ist es ein Geheimnis, manchmal selbst in die Klasse „einzutauchen", selbst ein Teil der Gemeinschaft zu werden und über die Lebendigkeit der Kinder und ihre Gedanken zu staunen... So erfährt man oft, dass die Fragen der Kinder den Fragen der großen Denker sehr ähnlich sind und dass die „Kleinen" eigentlich schon die „Großen" sind.

Ulrike Itze und Edelgard Moers

Ulrike Itze, Edelgard Moers

Einleitung: Im existenzerschließenden Religionsunterricht mit Kindern theologisieren

Das erste Staunen des Kindes vor der Schönheit der Schöpfung ist eine wichtige Voraussetzung für das Theologisieren. Auf diese Weise entwickelt das Kind ein Interesse für das Leben und die vielfältigen Facetten seiner direkten Umwelt. Zuerst entdeckt es die kleinen und großen Dinge, von denen es umgeben ist, und entfaltet eigene Gedankengänge. Es konstruiert seine individuelle Wirklichkeit, den Sinn und die Bedeutung und ist davon überzeugt, dass nur seine Sichtweise wahr ist.

Durch die Versprachlichung der eigenen Gedanken kommt es in den Austausch mit Anderen und findet eine Form, seine eigenen inneren Bilder zum Ausdruck zu bringen. Der soziale Kontakt ermöglicht den Kindern, sich mit ihren individuellen Weltkonstruktionen zu messen sowie miteinander wachsen und reifen zu können.

Die Sprache ist für die Persönlichkeitsentwicklung der Kinder von entscheidender Bedeutung. Mit ihr können Kinder ihre Gedanken artikulieren, Fragen stellen, um Hilfe bitten, trösten, Wünsche äußern, Gefühle zum Ausdruck bringen, Mut machen, zum Handeln auffordern, ihre Meinung mitteilen, überzeugen und sich über Gott und die Welt austauschen. Auch der Religionsunterricht muss die Sprachkompetenz der Kinder fördern, um die Voraussetzungen zum Theologisieren zu leisten.

Das Theologisieren im Rahmen des existenzerschließenden Religionsunterrichts verläuft in gleichen Schritten: Die Kinder können …

1. nach einem gemeinsamen Einstiegs- und Begrüßungsritual zuerst allein in Ruhe nachdenken und ihr Vorwissen aktivieren, an Bekanntes anknüpfen,
2. sich gemeinsam mit einem Partner oder in einer Gruppe austauschen, sich literarische und biblische Inhalte gemeinsam erschließen und kreativ gestalten, über offene Fragen diskutieren, weitere Fragen ableiten,
3. die Ergebnisse verarbeiten und sammeln (z. B. in einem gemeinsamen Handlungsprodukt zusammenstellen),
4. die Ergebnisse präsentieren und aufbewahren sowie die Lernprozesse gemeinsam reflektieren.

Jedes Mitglied einer Gruppe bekommt eine Rolle zugeschrieben, die eine Verantwortung spezifiziert, die die Gruppe braucht, um eine gemeinsame Aufgabe zu erledigen. Dadurch entsteht eine positive Rollenabhängigkeit. Die Rollen können sich jeden Tag oder jede Woche verändern, damit jedes Kind in jeder Rolle seine Kompetenzen ausbilden kann. Falls in einer Gruppe z.B. vier Kinder sind, werden vier passende Rollen ausgewählt und verteilt.

Rollen im Unterricht:[1]

Ilka	Sprecher	Vorleser	Jasmin
	Schriftführer	Material-Manager	
Jürgen	Zeitwächter	Ermutiger	
	Ruhe-König	Überprüfer	Moritz
Klaus	Untersucher	Botschafter	

Es gibt zwei Typen von Rollen:
1. Arbeitsrollen (wie Sprecher, Vorleser, Schriftführer, Material-Manager und Zeitwächter) und
2. Soziale-Fertigkeiten-Rollen (wie Ermutiger, Ruhe-König, Überprüfer, Untersucher und Botschafter).

Die Kinder werden neue Rollen lernen, wenn diese sorgfältig definiert sind, beachtet und belohnt werden.[2]

Der existenzerschließende Religionsunterricht ist individuell, kooperativ und gemeinschaftsfördernd. Dabei werden auch immer wieder verschiedene Fähigkeiten trainiert: Staunen-Können und Fragen Formulieren, analytisches und problemlösendes Denken, Spiritualität durch Stille und Gebet, Bereitschaft zum Aufbau von Beziehungen, Kommunikationsbereitschaft und -fähigkeit, Sprach- und Ausdrucksvermögen, aktives Zuhören, Toleranz und Selbstwertgefühl.

Im theologischen Gespräch werden bedeutende Fragen und Gedanken der Kinder nach Gott und der Welt, nach dem Leben oder dem Tod, nach Gerechtigkeit und Frieden, nach Liebe und Schönheit, nach Glück und Freude u. a. m. in den Blick genommen, auf die es nicht immer Antworten gibt, aber sinnvolle Anregungen zum Weiterdenken. Gemeinsames Weinen hat hier genauso seinen Platz wie gemeinsames Lachen.

Die individuellen Fragen der Kinder dürfen nicht als unwichtig abgetan werden, wie auch immer sie formuliert sind und wie unbedeutend sie im ersten Augenblick erscheinen. Lehrpersonen sind hier genauso wie Kinder auf einer gemeinsamen Suche und auf einem gemeinsamen Weg unterwegs.

Es gibt sogenannte „entscheidbare" Fragen, zu denen klare, eindeutige Antworten gehören. Gerade bei „unentscheidbaren", schwierigen Fragen aber, auf die es keine klaren Antworten gibt, ist es hilfreich, den Blick der Kinder zu weiten und die kindliche Fantasie zu befragen. Die jungen Menschen sollen aus der Sprachlosigkeit herausgeführt werden und Hilfen bekommen, in ihren Denkprozessen und in ihrer Dialogfähigkeit auch kreative Wege zu gehen. Der Blickwinkel der Kinder ist häufig noch nicht verstellt und von dem Bedürfnis nach Sicherheit und Orientierung geprägt. Kinder dürfen nicht belehrt werden, benötigen aber immer wieder Anregungen für eine klare Werte- und Weltordnung.

Die Diskussion und die Reflexion der Gedanken sollen im Religionsunterricht einen großen Raum einnehmen, geht es doch darum, den Kindern bei der Erschließung ihrer Existenz behilflich zu sein. Hier gilt, dass den Kindern vielfältige Lernchancen auf allen Ebenen ermöglicht werden, dass aber mitunter bei einigen Kindern einzelne Kompetenzen nur angebahnt werden können. Die Kinder haben ein Recht auf ungestörte Kommunikation, ohne belächelt oder gar ausgelacht zu werden. Dieses Recht wird ihnen durch das achte Gebot „Du sollst nicht falsch Zeugnis reden wider deinen Nächsten" als Christ zugesprochen. Darüber hinaus hat der Religionsunterricht den Auftrag, jedes Kind mit seinen individuellen Voraussetzungen anzunehmen und ernst zu nehmen.

Im Verlauf der Grundschulzeit üben die Kinder Schritt für Schritt verschiedene Gesprächsformen ein. Für alle Gesprächsformen gilt, dass sich alle Teilnehmer an Regeln halten, in klaren Sätzen sprechen, sich kurz fassen und anderen aktiv zuhören sollen. Jede Gesprächsform erzeugt individuelle Wirkungen bei den Gesprächsteilnehmern.

Das unterhaltende Gespräch
In einem unterhaltenden Gespräch geht es vordergründig um das Schaffen und Pflegen einer positiven Atmosphäre, in der die Kinder über ihre Gedanken, Erlebnisse oder Begegnungen frei erzählen können. Meist wird eine emotionale Beziehung zu Hobbys oder Interessen deutlich, die die Kinder in einer Atmosphäre der gegenseitigen Wertschätzung und des Vertrauens gerne mitteilen möchten. In ersten Ansätzen erzählen sie von ihren wichtigen Gedanken und stellen erste Fragen zu Themen, die sie bewegen. Sie können dabei ihrer Fantasie freien Lauf lassen. Damit das Gespräch für alle Kinder zu etwas Besonderem wird, müssen sie vorher gemeinsam Regeln erarbeiten und stets auf Einhaltung achten.

Das informierende Gespräch
In einem informierenden Gespräch geht es um eine sachliche Darstellung von Inhalten oder Sachverhalten. Eine Fragestellung kann dabei der Auslöser sein. Wichtig ist hierbei, dass die

zu vermittelnde Aussage oder Antwort gut recherchiert und sachlich richtig ist. Die Darstellung soll kurz, knapp und anschaulich sein.

Das reflexive Gespräch

In dem reflexiven Gespräch geht es um die Förderung der Dialog- und Reflexionsfähigkeit. Das reflexive Gespräch knüpft immer an die Lebenswelt der Kinder an. Die Kinder sollen eigene Gefühle erkennen und äußern, ihre eigene Meinung bilden und zum Ausdruck bringen, sich selbst und den Partner einschätzen, sich eigene Werte und Normen bewusst machen, Konflikte bewerten und lösen können sowie auf der Metaebene kommunizieren können.

Das sokratische Gespräch

Das sokratische Gespräch geht von einer Frage aus, die als Gesprächsgrundlage dient, die nach Schlussregeln und Grundüberzeugungen sucht und die in der konkreten Urteilsbildung als gültig unterstellt wird. Die Teilnehmer sammeln eigene Erfahrungsbeispiele und wählen dann eine Erfahrung oder eine Geschichte mit einer Modellhandlung zur Weiterarbeit aus. Nach und nach lösen sich die Kinder von dem Konkreten und versuchen, eine gemeinsame Struktur dieser Erfahrungen herauszufinden, sich die gewonnene Einsicht bewusst zu machen und sie zu formulieren. Darauf zu achten ist, dass niemand vom Thema abweicht und dass alle Mitglieder der Lerngruppe aktiv teilnehmen.

In einem sokratischen Gespräch geht es um Selbstständigkeit (selbst denken, autonom sein), Kooperation (miteinander denken, sich über Gedanken austauschen, andere Meinungen tolerieren), den Wahrheitsbezug (Suche nach vernünftigen Lösungen) und den Erfahrungsbezug (Orientierung an Beispielen). Die Schüler sollen Selbstvertrauen entwickeln, sich eine eigene Meinung bilden und sie vertreten, Einstellungen anderer kritisch hinterfragen und vernünftige Gegenargumente finden sowie als mündiger Mensch in einer demokratischen Gesellschaft gewaltlose Lösungen vertreten und verinnerlichen.

Theologische Gespräche im Rahmen eines handlungsorientierten Religionsunterrichts

Jedes theologische Gespräch beinhaltet Handlungsimpulse. Denken und Handeln, „Begreifen" und Greifen gehören deshalb zusammen und bedingen sich gegenseitig. Theologisieren im existenzerschließenden Religionsunterricht ist immer auch ein handlungsorientierter Unterricht, da die Kinder im Handeln, Spielen, Erproben und Entdecken ihre eigenen Fragen und Gedanken konkretisieren, verbildlichen und „erschaffen", darüber Antworten finden, möglicherweise aber auch durch den Handlungsprozess zu neuen Fragen angeregt werden.

Zur Übersicht: Schritte des Theologisierens

Die eingangs genannten Schritte des Theologisierens sollen durch die folgende Tabelle konkretisiert werden (s.S. 8 ff.).

In der Übersicht sind einige ausgewählte Fragen der Kinder bestimmten Themenbereichen zugeordnet. Die Fragen der Kinder können beliebig durch eigene Unterrichtsbeispiele erweitert werden.

Die Fragen der Kinder werden im theologischen Gespräch ernst genommen, konkretisiert und weitergeführt. Dabei können verschiedene Gesprächsformen benutzt werden.

Die Kinderfragen werden über das theologische Gespräch hinaus mit geeigneten biblischen oder literarischen Geschichten verschränkt (Prinzip der Korrelation). Dabei ist neben der Auswahl geeigneter Texte oder Medien die Wahl der Methode stets zu bedenken.

---

1 Vgl. Green;Green (2006²), S. 81.
2 Ebd.

Schritte des Theologisierens

Fragen der Kinder	Gesprächsform und Kompetenzen	Mögliche Schritte zur Umsetzung Methoden/Beispiele
Fragen zum eigenen Leben: • Wer bin ich? • Warum bin ich ein Junge? • Warum bin ich ein Mädchen? • Warum bin ich auf der Welt? • Wer ist mein Freund? • Wie gehen wir miteinander um? • Warum gibt es jeden Menschen nur einmal? • Wer begleitet mich auf meinem Lebensweg? • Kann ich alles leisten, was von mir erwartet wird? • Was ist mein wichtigster Gedanke? • Was ist das Ziel des Lebens? • • • *Fragen zum Zusammenleben mit Eltern und Geschwistern sowie mit anderen Menschen:* • Was ist eine Seele? • Warum lügen Menschen? • Warum trennen sich Eltern? • Warum gibt es Menschen mit bösen Gedanken? • Warum tun Menschen anderen weh? • Hat mich meine Mama immer lieb? • Warum haben Menschen manchmal Angst? • Wann sind Menschen glücklich? • Was ist Glück? • Was ist Schönheit? • Bin ich schön? • Wann ist ein Mensch schön? • Was ist Liebe?	**Das unterhaltende Gespräch** • ruhige, offene Gesprächsatmosphäre schaffen • Gedanken formulieren, Fragen stellen • zuhören können • Gesprächsregeln kennenlernen und auf Einhaltung achten • biblische Geschichten kennenlernen und über Inhalt sowie über Gefühle der Handlungsfiguren sprechen	• Gesprächskreis einführen und ritualisieren • Fragesammlung • Visualisierung und Sammlung der Gedanken und Fragen • Gedankensonne • Gedankenreise • Gesprächsstein einführen • Meldekette einführen • Bilderbuch: „Die große Frage“ von Wolf Erlbruch (Bd. 1) • Bilderbuch: „Wahre Wolkenwunder“ von Katja Reider und Angela von Roehl • „Abraham und Sara unterwegs im Vertrauen auf Gott“ als Beispiel einer Lebensweg-Geschichte (Bd. 1) • Josef-Geschichte als Beispiel für Höhen und Tiefen auf dem Lebensweg • Visualisierung des eigenen Lebensweges mit einem Seil und verschiedenen Legematerialien sowie Blumen als Symbol für positive Erlebnisse und Steinen als Symbol für negative Erlebnisse, Wegbegleiter benennen (Bd. 1) • das eigene Gottesbild malen (Bd. 1) • „Du bist immer noch bei mir“ von Mariko Kikuta (Bd. 1)

• Sind Bonbons wie Liebe? • • • *Fragen zur Welt:* • Wie hat Gott die Welt gemacht? • Wie ist die Welt entstanden? • Wie ist das Leben auf der Erde entstanden? • Wo kommt alles her? • Was kann ich zum Erhalt der Schöpfung tun? • Hat die Sonne ein Gesicht? • Können Schmetterlinge sehen? • • •	**Das informierende Gespräch** • formulieren des Problems • einholen von Infos (Mediennutzung) • anwenden verschiedener Techniken der Informationsbeschaffung • inhaltliches Klären von Sachfragen	• Sammeln von Begriffen zum Thema „Denken" und Suchen nach Antworten • Suche nach Antworten zur Sprache und zum Denken: Wie funktioniert unsere Sprache? • Suche nach Antworten zur Sinneswahrnehmung und zum Denken: Welche Sinne helfen beim Denken? • Recherche im Lexikon und in Kindersuchmaschinen des Internets
Fragen zum Denken: • Können Tiere/Blumen/Märchenfiguren denken? • Was bringt uns das Denken, was nützen meine Gedanken? • Wer ist klüger: Mensch oder Tier? • Muss ich immer die Wahrheit sagen? • Dürfen Engel lügen? • Warum haben wir Menschen so viele unterschiedliche Gedanken? • • • *Fragen nach dem Himmel:* • Wie sieht es im Himmel aus? • Wo ist der Himmel? • Hört mich die Oma im Himmel? •	**Das reflexive Gespräch** • herstellen von Beziehungen zum eigenen Denken und Empfinden • Auseinandersetzung mit eigenen Gedanken • Gedanken und Gefühle in Text und Bild ausdrücken • Empathie/Nachvollziehen fremder Gedanken • Kommunikationsmodell kennenlernen	• Assoziationsübungen zu Geschichten • Einbringen von Erfahrungen • Vorwissen aktivieren (Bild malen, Murmelphase, Gedankensonne) • Gefühle-Karte, Stimmungsbarometer • Gedanken als Bilder der Seele erkennen • vier Seiten einer Nachricht erkennen (Bd. 1) • Ich-Botschaften verwenden (Bd. 1) • aktives Zuhören lernen und üben (Bd. 1) • der kontrollierte Dialog (Bd. 1) • über eine Sache hinaus denken: Was wäre, wenn … • Gefühlen eine Gestalt geben • Vortrag üben (Bd. 1) • Interviewtechnik lernen (Bd. 1) • stummes Schreibgespräch (Bd. 1) • eigene Erfahrungen mit Angst thematisieren, Angst als Gedanke und Gefühl bildlich darstellen, Angstgeschichten schreiben, im Rollenspiel Lösungswege zeigen, wie man mit Angst umgehen kann

• • *Fragen nach Jesus:* • Warum ist Jesus auch heute noch wichtig? • • • *Fragen nach Gott:* • Gibt es Gott wirklich? • Warum gibt es einen Gott? • Warum glauben einige Menschen nicht an Gott? • Ist Gott gerecht? • Ist Gott gut zu mir? • Kann mich Gott immer sehen? • Weiß Gott immer alles? • Wie alt ist Gott? • Warum lässt Gott Böses zu? • Warum lässt Gott Kinder sterben? • Warum lässt Gott Kriege zu?		• mit Gedanken spielen: sich in Gegenstände/ Tiere hineinversetzen • Fantasiereise in ein „fantastisches Land“; bildliches Gestalten des Landes als Gruppenarbeit auf Tapetenrollen • Vorwissen aktivieren (Think-Pair-Square, Graffiti, Gesprächsmühle, Comic zeichnen, Platzdeckchen) • Gefühle-Karte, Stimmungsbarometer • Gedanken als Bilder der Seele erkennen • Gott begleitet Jona und ermöglicht Umkehr, Beispiel für Höhen und Tiefen auf dem Lebensweg • Das eigene Gottesbild malen, sich über Gottesbilder austauschen, erkennen, dass Martin Luther sein Gottesbild verändert hat und dass jeder Mensch sein Gottesbild im Laufe des Lebens verändert (Bd. 1)
• Warum hat Gott seinen Sohn auf die Erde geschickt und ist nicht selbst gekommen? • Ist Gott ein Fußballfan? • Was ist Gottes Lieblingsessen? • • • *Fragen nach dem Tod:* • Warum müssen Menschen sterben? • Warum weiß man nicht, wie lange man lebt? • Was geschieht, wenn ein Mensch stirbt? • Warum stirbt alles, was lebt? • Wo waren wir vor der Geburt?	**Das sokratische Gespräch** • mit eigenen und fremden Ansprüchen sich selbstbewusst auseinandersetzen • Gründe für Gedanken nennen • Lösungswege begründen • biblische Texte erschließen und auf ihre Botschaft hin deuten • Erkenntnisse bewusst gewinnen und formulieren • Austausch von Argumenten • Konflikte gewaltfrei lösen	• ausgehend von einem Beispiel aus der Erfahrung • Pro- und Contra-Diskussion • Sachgespräch zum gewählten Beispiel • Metagespräch zur Reflexion des Gesprächsverlaufs • Konträre Meinungen aushalten können und seine eigene Meinung selbstbewusst vertreten • „Der Denker“ von Rodin betrachten: Was tut der Mann? Ideen sammeln • Standbilder zum „Denken“ • Gefühlsbilder zeigen und besprechen • Bilderbuch „Der Gedankensammler“ von Monika Feth

• Was ist nach dem Tod? • Ist neues Leben möglich? • Sind Tote wirklich im Himmel oder anderswo? • • •	• Finden der optimalen Lösung, (widerspruchsfrei) argumentieren und differenziert urteilen • Fragen aushalten können, ohne eindeutige Antworten zu finden • auf der Metaebene kommunizieren	• Lied: „Die Gedanken sind frei" • das Glück als Geschenk begreifen, Glückssymbole, Glück und Unglück beschreiben • eigene Gedichte verfassen • Seligpreisungen aus der Bergpredigt • Schönheit der Schöpfung wahrnehmen und Staunen lernen sowie sich für den Erhalt einsetzen • Liebe und Freundschaft • „Das Gleichnis vom barmherzigen Samariter" als Beispiel für Nächstenliebe • aus Textinhalt eine Mindmap erstellen

Ich frage mich

Text: Edelgard Moers, Musik: Martin Buntrock

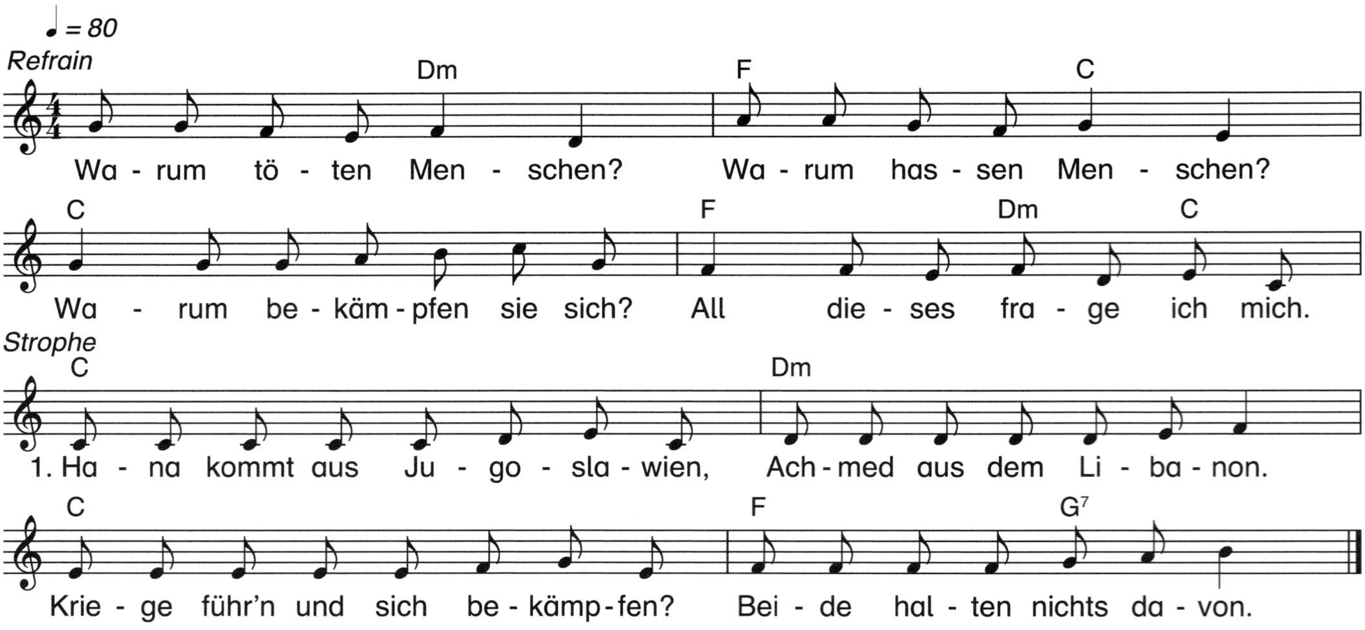

2. Jemal kommt aus Palästina,
Dorian aus Israel.
Beide spielen gern Verstecken
und verstehen sich sehr schnell.

3. Pinar ist zu allen freundlich,
deshalb mag sie jeder gern.
Rima kann so herzlich lachen
wie ein leuchtend heller Stern.

4. Murat kommt aus Mazedonien,
Neslihan aus der Türkei.
Wenn sie eine Bude bauen,
dann sind alle mit dabei.

5. Kinder gehen ohne Zögern
freundlich miteinander um,
lachen echt und fragen ehrlich,
doch ein Großer bleibt oft stumm.

Warum bin ich auf der Welt?

Text: Edelgard Moers, Musik: Martin Buntrock

2. „Du bist hier, um laut zu lachen.
Du sollst lauter Späße machen“,
sagt der dicke Clown erfreut,
sagt der dicke Clown erfreut.

3. „Du bist hier, um dich zu freuen.
Keinen Tag darfst du bereuen“,
spricht die weise alte Frau,
spricht die weise alte Frau.

4. „Du bist hier, um Ball zu spielen,
um ihn schnell ins Tor zu zielen“,
ruft der Fußballspieler laut,
ruft der Fußballspieler laut.

5. „Du bist hier, um nachzudenken,
dich ganz still mal zu versenken“,
flüstert sanft die kleine Fee,
flüstert sanft die kleine Fee.

Fragen stellen

Text: Edelgard Moers, Musik: Martin Buntrock

2. Wo wohnt Gott mit seinem Sohn?
Wo sitzt er auf seinem Thron?
Wo bin ich nach meinem Tod?
Wo erleiden Menschen Not?

3. Wer wird immer bei mir sein?
Wer lässt mich dann nie allein?
Wer macht mir im Leben Mut?
Wer erzählt mir: „Du bist gut"?

4. Wie sieht Gott aus, wenn er lacht?
Wie wird Medizin gemacht?
Wie kann ich im Dunkeln sehn?
Wie kann ich ein Tier verstehn?

5. Wie viel Sterne leuchten hell?
Wie viel Zeit ist ganz ganz schnell?
Wie viel Jahre werde ich?
Wie viel Menschen mögen mich?

Hannah Adams

Wie entstehen zu meinen Fragen Gedankenbilder? – Entwicklung individueller Vorstellungsbilder zur Förderung der Fragehaltung am Beispiel der Geschichte „Wahre Wolkenwunder“ von Katja Reider (1. und 2. Schuljahr)

Leitende Gedanken

„Was mag wohl über den Wolken sein?“ Dieser Frage gehen die Tiere der Geschichte „Wahre Wolkenwunder“ nach. Sie schauen über die Wolken und jeder sieht sein persönliches Wolkenwunder.
Die vorliegende Unterrichtseinheit beschreibt, wie Kinder – inspiriert durch die Geschichte „Wahre Wolkenwunder“ – zu eigenen individuellen Vorstellungsbildern gelangen. Angeregt durch den Blick der Tiere über die Wolken, schauen auch sie (in Gedanken) über die Wolken und träumen von ihren Wolkenwundern. Im Mittelpunkt stehen die Sensibilisierung für den Umgang mit Fragen – hier die Frage nach dem Blick über die Wolken – und somit die Förderung der Fragehaltung. Die Einheit kann als ein (erster) Baustein auf dem Weg zu einer „Religionspädagogik des Theologisierens“ gesehen werden, in der die Fragehaltung und der Umgang mit Fragen zentrale Rollen spielen. Um Kindern ein fragenorientiertes *religiöses* Lernen zu ermöglichen, ist es vorab notwendig, ihnen Raum für die Entwicklung von individuellen Vorstellungsbildern zu geben und das Heranführen an eine Fragehaltung zu üben.

Lernchancen

Die Kinder setzen sich aktiv mit der Geschichte „Wahre Wolkenwunder“ auseinander. Dabei ermöglicht das unterrichtliche Vorhaben den Kindern auf unterschiedlichen Ebenen folgende Lernchancen:

- Die Kinder lernen die Geschichte „Wahre Wolkenwunder“ kennen. Sie hören ihr aufmerksam zu und versetzen sich in die Tiere hinein.
- Sie bringen sich aktiv in den Vorleseprozess ein, indem sie Vermutungen äußern und Schlussfolgerungen ziehen und so Lesefreude und -motivation entwickeln.
- Sie üben im fragenden und nachdenklichen Gespräch, an ausgewählten Stellen den Fortgang der Handlung (mündlich, schriftlich und malerisch) zu antizipieren.
- Sie denken, angeregt durch den Wolkenblick der Tiere, über eigene Vorstellungen über das Leben über den Wolken nach.
- Sie entwickeln, angeregt durch den literarischen Text, die Fähigkeit, eigene innere Vorstellungsbilder zu entfalten und in schriftsprachlicher und gestalterischer Weise zum Ausdruck zu bringen.

Der Inhalt des Buches: Wahre Wolkenwunder[1]

Die Geschichte „Wahre Wolkenwunder“ stammt aus dem gleichnamigen Buch von Katja Reider und Angela von Roehl. Das Buch ist 1997 im Patmos Verlag erschienen, wird jedoch nicht mehr aufgelegt.

„Was mag wohl über den Wolken sein?“, fragen sich die Tiere (Maus, Ziege, Giraffe, Bär und Schwein) und blicken nachdenklich nach oben in den Wolkenhimmel. Die Maus hat einen Plan, wie die Tiere dies herausfinden können: Sie sollen übereinanderklettern und einen Turm bilden. Unten das Schwein, dann die Giraffe, der Bär, die Ziege – und zum Schluss die Maus. So klettern sie hinauf zu den Wolken. Jedes Tier darf einmal an die Spitze der langen Leiter steigen.
Alle Tiere erleben ihr eigenes „wahres Wolkenwunder“. Die Maus erblickt nichts als Käse. Die Ziege reckt ihren Kopf über die Wolkendecke und sieht einen Himmel voller wunderschöner Ziegenböckchen. Der Bär hat alle Mühe, die schmale Leiter zu besteigen. Er schafft es schließlich und begegnet einem Himmel voller summender Bienenstöcke und goldener Honigwaben. Die Giraffe besteigt einen Hügel und reckt ihren Hals, so weit sie nur kann. Ehe sie sich versieht, wird sie von einer Wolkengiraffe geküsst. Zurück auf der Wiese schwärmt jedes Tier von seinem ganz persönlichen Wolkenwunder. Nur das Schwein bleibt abseits stehen, denn ihm ist der Blick über die Wolken bei der Sommerhitze zu anstrengend. Es ist der Auffassung, dass es über den Wolken auch nicht schöner sein kann als auf der Erde, und genießt eine

Abkühlung in einer großen Pfütze. (Die ganze Geschichte findet sich im Anhang **M 1**.)

Vorüberlegungen

Das Handlungsprodukt der Reihe: „Ein Buch zur Geschichte"
Die Kinder gestalten während der Unterrichtsreihe ein eigenes „Wolkenwunder-Buch" (s. **M 2**). Dieses Buch enthält die zentralen Inhalte der Geschichte in kindgemäßer, einfacher Sprache. Die Sätze auf den Seiten wurden in die Gegenwart gesetzt. So gelingt den Kindern (besonders bei einem Einsatz in einem ersten Schuljahr) das selbstständige Lesen der (gekürzten) Geschichte. Neben diesen Leseangeboten enthalten die Buchseiten auch Lückentexte, die die Kinder nach dem Vorlesen selbstständig ausfüllen können. Zudem werden sie aufgefordert, mit eigenen Worten aufzuschreiben, was die Tiere über den Wolken sehen. Neben diesen Schreibaufgaben können die Kinder gestalterisch tätig werden, indem sie die Wolkenwunder der Tiere malen. Ebenso findet sich in dem Buch eine Seite, auf der die Kinder im Anschluss an eine Fantasiereise (s. **M 3**) ihren *eigenen* individuellen „Wolkenwundern" gestalterisch und schriftsprachlich Ausdruck verleihen.
Für eine offene Unterrichtsgestaltung bietet es sich an, das Buch erst am Ende des unterrichtlichen Vorhabens zu binden (besonders geeignet: Spiralbindung). So können nach Belieben zusätzliche Seiten gestaltet werden.

Die Arbeit mit dem Kamishibai
Falls der Lehrkraft das Buch „Wahre Wolkenwunder" von Katja Reider und Angela von Roehl zur Verfügung steht, empfiehlt es sich, die Bilder des Buches auf DIN A3 zu vergrößern und mithilfe des Kamishibais während des Erzählvortrags zu präsentieren.
Das Kamishibai – ursprünglich aus Japan kommend – ist ein Erzähltheater, das sich besonders zur Präsentation von Bildern zu einer Erzählung eignet. Es besitzt einen hohen Aufforderungscharakter zum eigenaktiven Lernen und animiert zum öffentlichen Erzählen. Die Arbeit mit dem Erzähltheater ermöglicht sowohl lehrerzentrierte als auch schülerorientierte Sequenzen der kreativen Erzählproduktion.
Die Präsentation der Bilder unterstützt den Erzählvortrag der Lehrperson und kann für die Kinder als Erzählanlass, etwa wenn sie Vermutungen zur Handlung äußern, dienen.

Hinweis:
Die vorliegende Unterrichtseinheit kann selbstverständlich auch ohne den Einsatz des Buches und somit ohne Bilder erfolgen.

Zum Verlauf

1. Sequenz: „Wahre Wolkenwunder" – Erste Begegnung mit der Geschichte „Wahre Wolkenwunder" und den fünf Protagonisten

Material:
- Mein Wolkenwunder-Buch (**M 2, S. 1**)
- (Kamishibai, Farbkopie des Titelbildes)

In dieser Sequenz sollen die Kinder auf die Geschichte eingestimmt werden. Dazu versammeln sie sich im Sitzkreis. Die Lehrperson nennt den Titel der Geschichte. Im Anschluss daran äußern sich die Kinder spontan zu diesem und zum möglichen Verlauf der Geschichte. Die Lehrperson nennt die fünf Protagonisten des Buches (Maus, Bär, Giraffe, Ziege und Schwein) und weist darauf hin, dass die Kinder in den nächsten Stunden mehr von ihnen hören werden. Anschließend gestalten die Kinder die erste Seite ihres Wolkenwunder-Buches.

2. Sequenz: Was mag wohl über den Wolken sein? – Kreative Gestaltung der Frage der Maus als Ausgangsbasis für den Beschluss der Tiere, über die Wolken zu schauen

Material:
- Geschichte „Wahre Wolkenwunder" von Katja Reider (**M 1, Teil 1**)
- Mein Wolkenwunder-Buch (**M 2, S. 2 und 3**)
- (Kamishibai, Farbkopien der entsprechenden Buchseiten)

In der zweiten Sequenz wird den Kindern der Anfang der Geschichte vorgelesen. Sie hören von der Maus, die wissen möchte, was wohl über den Wolken sein mag. Ebenso erfahren die Kinder, dass die Maus auch schon einen Plan hat, wie die Tiere dies herausfinden können. Die Kinder können aktiv in den Vorleseprozess eingebunden werden, indem sie Vermutungen zum Plan der Maus äußern.
Im Anschluss daran gestalten die Kinder die nächsten beiden Seiten in ihrem „Wolkenwunderbuch".

3. Sequenz: Der Blick der Tiere über die Wolken – Antizipierendes Erzählen und Schreiben eigener Texte zum Wolkenblick der Tiere

Material:
- Geschichte „Wahre Wolkenwunder" von Katja Reider **(M 1, Teil 2)**
- Mein Wolkenwunder-Buch **(M 2, S. 4 bis 9)**
- (Kamishibai, Farbkopien der entsprechenden Buchseiten)

In der folgenden Sequenz (die sich über mehrere Stunden erstreckt) hören die Kinder, wie die Tiere einen Turm bilden, um über die Wolkendecke schauen zu können. In ihrem Buch füllen sie einen Lückentext aus und malen den Turm der Tiere farbig aus.
Im Anschluss daran hören die Kinder von den einzelnen Wolkenwundern der Tiere. Sie denken darüber nach, was die Tiere wohl über den Wolken sehen könnten, und äußern zunächst ihre Vermutungen dazu, ehe sie den entsprechenden Teil der Geschichte hören.
Die Kinder erkennen, dass die Tiere das sehen, was sie besonders gerne mögen: Die Maus sieht den Käsehimmel und der Bär den Himmel voller Honig.
Zu jedem Wolkenblick der Tiere gibt es ein Arbeitsblatt für die Schülerhand, auf dem eigene Texte verfasst und die entsprechenden Wolkenwunder gemalt werden. So findet eine intensive Auseinandersetzung mit dem Wolkenblick der Tiere auf schriftsprachlicher und gestalterischer Ebene statt.

4. Sequenz: Mein Blick über die Wolken – Entwicklung eigener individueller Vorstellungsbilder

Material:
- Fantasiereise **(M 3)**
- Meditative Musik
- Mein Wolkenwunder-Buch **(M 2, S. 10)**
- Kamishibai

In dieser Sequenz geht es darum, dass die Kinder ihr individuelles, inneres Bild zu ihrem persönlichen „Wolkenblick" entwickeln. Die Sequenz beginnt mit einer Fantasiereise **(M 3)**, in der die inneren Vorstellungen der Kinder angesprochen werden. Die Kinder werden eingeladen, von ihrem eigenen Wolkenwunder zu träumen.
Sie sitzen entspannt (im Stuhlkreis) auf ihrem Stuhl. Wichtig ist, dass sich die Kinder auf die Reise einlassen und die Lehrperson den Text deutlich und mit ausreichend Pausen spricht. Es bietet sich an, während der Fantasiereise meditative Musik einzuspielen.
Nach der Fantasiereise kann sich eine kurze Gesprächsphase anschließen, in der einige Kinder von ihren Wolkenwundern berichten.
In Einzelarbeit gestalten die Kinder nun ihr persönliches Wolkenwunder. Sie malen, was sie über den Wolken gesehen haben. Das Malen bietet sich an, um innere Bilder nach außen zu bringen. Wer mit dem Malen fertig ist, schreibt zu seinem Wolkenwunder.
Anschließend treffen sich die Kinder in der Theaterreihe. Sie haben die Gelegenheit, ihre Wolkenwunder-Bilder im Kamishibai zu präsentieren und dazu zu erzählen.

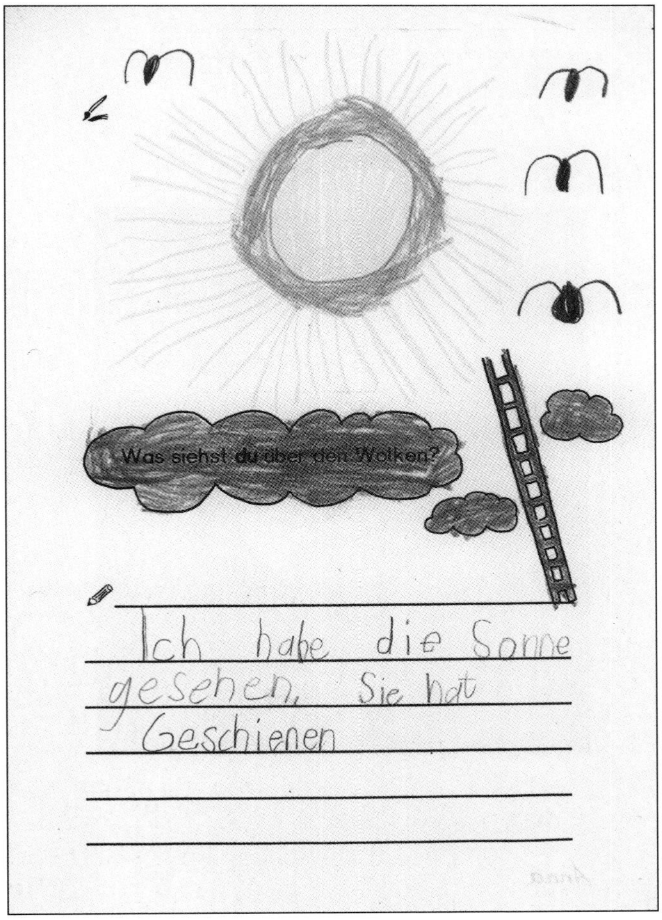

Anna (1. Schuljahr)

Sara (1. Schuljahr)

Paul (1. Schuljahr)

5. Sequenz: Abschluss des Buches

Material:

- Geschichte „Wahre Wolkenwunder" von Katja Reider **(M 1, Teil 3)**
- Mein Wolkenwunder-Buch **(M 2, S. 11 und 12)**
- (Kamishibai, Farbkopien der entsprechenden Buchseiten)

In der letzten Sequenz hören die Kinder den Schluss der Geschichte. Sie erfahren, dass das Schwein lieber auf der Erde bleibt und eine Abkühlung in einer großen Pfütze genießt.
Die Kinder gestalten die letzten beiden Seiten ihres Wolkenwunder-Buches.
Aus den einzelnen Buchseiten wird nun zusammen mit dem Kind ein Buch gebunden. Das eigene Buch lädt ein, die Geschichte „Wahre Wolkenwunder" noch einmal zu lesen und über sein persönliches Wolkenwunder nachzudenken.

Ausblick

Es empfiehlt sich, die hier vorgestellte Unterrichtsreihe zum Beispiel der Auseinandersetzung mit den eigenen Gottesbildern vorzuschalten („Wer bist du, Gott?"), da die hier geförderte und eingeübte existenzielle Fragehaltung eine grundlegende Voraussetzung für eine theologische Fragehaltung und eine Auseinandersetzung mit eigenen theologischen Gedanken und Glaubenssätzen bildet.

[1] Reider, von Roehl (1997).

Textvorlage „Wahre Wolkenwunder“ M 1a

Die Geschichte „Wahre Wolkenwunder“ von Katja Reider

Teil 1:
Eines Morgens saßen Maus, Ziege, Giraffe, Bär und Schwein auf ihrem Lieblingsplatz und blickten nach oben in die Wolken.
„Was mag wohl über den Wolken sein?“, fragte die Maus.
„Was soll da schon Besonderes sein?“, meckerte die Ziege.
„Die Luft dort oben ist ein wenig frischer. Ich kenne das ja“, sagte die Giraffe stolz und streckte ihren Hals noch etwas länger, als er ohnehin schon war.
„Lasst uns lieber noch ein Schläfchen machen“, brummelte der Bär.

„Nichts da“, sagte die Maus.
„Wir wollen nachschauen, was über den Wolken ist.“
„Die Wolken sind viel zu hoch für uns“, meinte die Ziege.
„Papperlapapp“, rief die Maus. „Ich habe schon einen Plan. Hört mir zu!“

Teil 2:
Die Tiere sollten übereinanderklettern und so einen Turm bilden.
Ganz unten kauerte das Schwein.
„Immer ich“, seufzte es, als die Giraffe ungeschickt seinen breiten, gepolsterten Rücken bestieg.

Dann kletterte der Bär schnaufend auf den Rücken der Giraffe und schob sich ihren langen Hals hinauf.
Die widerstrebende Ziege zog er einfach hinterher.
„Kann das nicht ein wenig schneller gehen?“, fragte die Giraffe spitz.

Die Maus hatte sich inzwischen eine lange Leiter besorgt.
„Seht ihr, das ist doch kein Problem!“, rief sie.
Sie kletterte mit der Leiter flugs an die Spitze des Tier-Turms.
Die Ziege hielt die Leiter fest. Die Maus hüpfte erwartungsvoll die Sprossen hinauf und verschwand in den Wolken.

Zuerst war es so hell, dass die Maus heftig blinzeln musste.
Doch dann riss sie entschlossen die Augen auf und sah … nichts als Käse!
Ein Himmel voller Käse, einer saftiger und verlockender als der andere.
„Wenn ich das den anderen erzähle …“, stammelte die Maus und vergaß vor lauter Aufregung, ein Stück vom Wolkenkäse mit hinunterzunehmen.
„Über den Wolken ist nichts als Käse“, berichtete sie den anderen Tieren.
„Käse, so weit das Auge reicht!“
„Wie unangenehm“, sagte die Giraffe und kräuselte ihre empfindliche Nase.
Der Bär hatte wieder einmal nicht richtig zugehört:
„Was soll da sein?“, fragte er.

Die Ziege griff entschlossen die Leiter: „Das will ich selber sehen!“, rief sie.
Seufzend kletterten die Tiere wieder aufeinander.
Der Bär hielt die Leiter. Die Ziege sprang geschwind die Sprossen hinauf und verschwand in den Wolken.
Ungeduldig reckte sie ihren Kopf über die Wolkendecke, blickte erst links, dann rechts, dann wieder links – rechts – links – rechts …
Aber es blieb dabei: Der ganze Himmel war voller wunderschöner, schneeweißer Ziegenböckchen. Und alle winkten ihr begeistert zu. Das war zu viel für die Ziege. Sie kippte und verlor den Halt auf der schwankenden Leiter.

Textvorlage „Wahre Wolkenwunder“ **M 1b**

Wenn nicht gerade eine breite Wolke vorübergekommen wäre, die sie sanft auffing, hätte dieser Ausflug böse geendet.
„Na, so was“, murmelte die Ziege verzückt, während sie zu Boden schwebte, „der ganze Himmel ist voller Ziegenböckchen! Und einer süßer als der andere.“
„Das will ich auch sehen“, rief der Bär.
„Du solltest erst mal ein bisschen abspecken“, sagte die Giraffe, ließ ihn aber doch wieder auf ihren Rücken klettern. Die Leiter schwankte bedrohlich, als der Bär die Sprossen emporstieg.

Doch die Mühe lohnte sich, denn den Bären erwartete ein ganzer Himmel voll summender Bienenstöcke und goldener Honigwaben.
Er brauchte nur seine Zunge herauszustrecken, dann fielen ihm die dicken, süßen Honigtropfen direkt ins Maul.
Glücklich schmatzend stieg der Bär wieder hinab und berichtete, was er gesehen hatte.
„Honig, alles Honig“, brummte er noch, bevor er einschlief.

„Ein Himmel voller Käse, Ziegen und Honig ... so einen Unsinn habe ich noch nie gehört!“, schimpfte die Giraffe.
„Andererseits ... ein klitzekleiner Blick über die Wolken könnte auch mir nicht schaden.
Es braucht ja keiner zu merken“, überlegte die Giraffe ... und stolzierte eilig davon.

Die Giraffe bestieg einen kleinen Hügel, stellte sich auf die Hufspitzen und reckte ihren Hals, so hoch sie nur konnte. Aber alles, was sie sah, waren vorüberziehende Wolken. Doch plötzlich erblickte sie in einer Wolke das Gesicht einer Giraffe. Es schwebte auf sie zu. Und ehe sie sich versah, hatte die Wolkengiraffe sie sanft schmatzend geküsst.
„Unerhört, ganz unerhört“, murmelte die Giraffe, als sie den Hügel hinabtrabte.

Teil 3:
Schon von Weitem tönte es durch die stille Abendluft:
„Käse“, rief die Maus, „Käse ist über den Wolken und damit basta!“
„Ziegenböckchen“, meckerte die Ziege, „der ganze Himmel ist voller Ziegenböckchen!“
„Honig, mein Gesicht war voller Honig“, beharrte der Bär.
„Ihr könnt ihn noch von meiner Nase lecken!“
Das Schwein stand abseits und hörte sich alle Geschichten an.
Wie aufregend das klang – aber auch ungemein anstrengend.
Und das bei dieser Sommerhitze!
„Ich brauche nicht über die Wolken zu schauen“, rief das Schwein.
„Schöner als hier kann es dort oben auch nicht sein!“
Sprach’s und sprang mit einem Riesenhopser in eine große Schlammpfütze.

Mein Wolkenwunder-Buch

Dieses Buch gehört: ____________________

Eines Morgens sitzen ______________________ , ______________________ ,

______________________ , ______________________ und

______________________ auf der Wiese. Sie blicken in die Wolken.

„Die Wolken sind viel zu hoch für uns“, meint die Ziege.

„Papperlapapp“, ruft die Maus.

„Ich habe schon einen Plan. Hört mir zu!“

Die Tiere klettern übereinander. Sie bilden einen Turm.

Unten sitzt das ________________________ .

Die ________________________ steht auf dem Schwein.

Der ________________________ klettert auf den Rücken

der ________________________. Die Ziege nimmt er mit.

Die ________________________ klettert mit der Leiter an die Spitze des Turms.

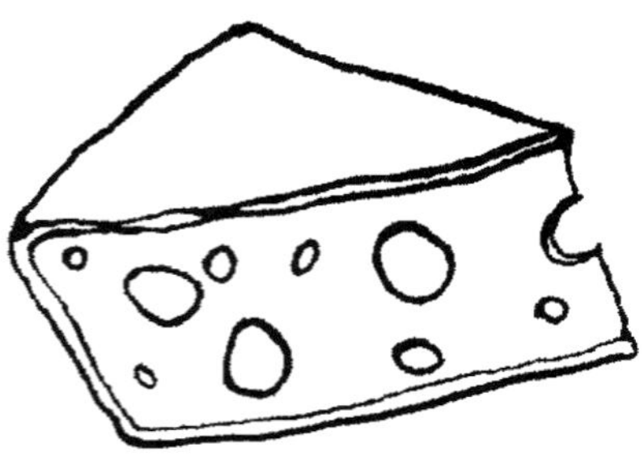

Die Maus blickt in den Himmel.

Mein Wolkenwunder-Buch, Seite 7

Die Ziege reckt ihren Kopf über die Wolkendecke.

Der Bär steigt auf die Leiter.

Die Giraffe steigt auf einen kleinen Hügel. Sie reckt ihren Hals.

Was siehst du über den Wolken?

Schon von Weitem tönt es durch die stille Abendluft:

Das Schwein steht abseits und hört sich alle Geschichten an.

Das Schwein springt mit einem Riesenhopser

in eine große Schlammpfütze.

Fantasiereise: „Was mag wohl über den Wolken sein?" M 3

Möglicher Einstieg:
Unsere Reise führt zu einem Blick über die Wolken.
Setze dich ganz bequem und entspannt hin.
Schließe deine Augen und werde ganz ruhig.

Die Reise beginnt:
Stelle dir vor, du bist auf einer grünen Wiese.
Du blickst nach oben in die Wolken.
Du siehst die weißen Wolken,
die gemütlich am Himmel entlangziehen.
Du fragst dich, was wohl über den Wolken sein mag.
Wie die Maus im Buch beschließt du, nachzuschauen,
was über den Wolken ist.
Du nimmst eine lange Leiter und lehnst sie an einen Baum,
sodass sie bis in die Wolken reicht.
Du steigst die Leiter hoch. Eine Sprosse nach der anderen.
Du bist ganz gespannt, was wohl über den Wolken sein mag.
Du erinnerst dich an die Maus …
Sie sah einen Himmel voller Käse …
Den Bären erwartete ein ganzer Himmel voller Honig …
Vielleicht siehst du auch etwas, was du besonders gerne isst …
Oder etwas, mit dem du besonders gerne spielst …
Vielleicht triffst du auch jemanden, einen guten Freund,
eine gute Freundin …
Oder du siehst etwas, was du gerne in deiner Freizeit machst …
Nun bist du oben an der Leiter angekommen.
Du reckst deinen Kopf über die Wolkendecke …
schaust nach rechts, dann nach links.
Was siehst du über den Wolken? (Pause)
Träume nun von deinem Wolkenwunder. (Pause)
Nun kletterst du die Leiter langsam wieder herunter.
Sprosse für Sprosse.
Du bist wieder auf der Wiese angekommen.

Das Ende der Reise:
Langsam wachst du aus deinem Traum auf.
Bewege deinen Kopf. Öffne langsam deine Augen.
Setze dich gerade hin. Recke und strecke dich.

(Hannah Adams)

Ulrike Itze

Wie bist du, Gott? – Gott begleitet Jona auf seinem Weg: in den Höhen und Tiefen seines Lebens und in seinem Gottesglauben (3. bis 6. Schuljahr)

Leitende Gedanken

Das Jona-Buch im Alten Testament macht deutlich, dass Gott nicht Vernichtung und Tod, sondern Leben und Neuanfang will. Der Wert des „Lebens" und des stets möglichen „Neuanfangs" werden in der Geschichte transparent. Jona wendet sich auf seinem Lebensweg – sowohl in seinen Höhen als auch in seinen Tiefen – mit Vertrauen oder Zorn an seinen Gott. Deshalb ist auch Gott immer bei Jona – in allen seinen Lebensphasen: Gott begleitet Jona auf seinem Weg! Bezogen auf das eigene Leben wird darüber hinaus auch erkennbar, dass der Lebensweg des Jona die menschlichen Grunderfahrungen von „Angst", „Geborgenheit", „Vergebung", aber auch „Mut", „Zorn" und „Wut" widerspiegelt. Konkret bedeutet dies, dass die Kinder sich manchmal auch wie Jona fühlen. Sie erfahren durch die Jona-Erzählung darüber hinaus, dass Gott immer da ist, unabhängig davon, wie es ihnen gerade geht. Sie erfahren, wie Gott ist: *Gott bleibt in Beziehung, egal, ob der Mensch im Zorn sich von Gott abwendet oder im Vertrauen sich Gott zuwendet. Gott begleitet den Menschen.* Die Jona-Geschichte kann deshalb als ein „Gleichnis für den Menschen und seinen Umgang mit sich selbst"[1] bezeichnet werden. Es ist eine Geschichte, die sich besonders gut für das Theologisieren anbietet, da sie ambivalente Grunderfahrungen des Menschen thematisiert und damit Lebensfragen aktualisiert.

Lernchancen

- Die Kinder sollen den Lebensweg des Jona kennenlernen und grundlegende Kenntnis über den Inhalt und die Auslegung des biblischen Textes gewinnen (Jona 1-4).
- Sie sollen den Lebensweg des Jona auf ihr Leben beziehen sowie den biblischen Text als Orientierungsangebot für das eigene Leben begreifen.
- Sie sollen den Auftrag Gottes als inneren Ruf zur Selbstwerdung, die Flucht des Jona als Abwendung vom Auftrag Gottes und die Zeit im Wal als innere Umkehr des Jona hin zu „neuem" Leben deuten können.
- Sie sollen sich in die Person des Jona einfühlen, über die Figur des Jona und anhand seiner Gedanken und Gefühle in den Prozess des Theologisierens gelangen und seine Verhaltensweisen und Gefühle auf ihr eigenes Leben übertragen lernen.
- Sie sollen sich in Jona hineinversetzen, seiner Angst- und Notsituation nachspüren und eigene Wünsche und Sehnsüchte formulieren.
- Sie sollen die innere Umkehr des Jona mit der Umkehr der Niniviten vergleichen und Gottes erneute Zuwendung als Bestätigung dieser Lebensform erkennen.
- Sie sollen lernen, dass Gott auch für Ungläubige da ist und sie annimmt.
- Sie feiern mit Jona „als Botschafter des Lebens" ein Lebensfest.
- Sie sollen erspüren, dass – auch eigene – Veränderungen mit dem Vertrauen auf Gott gelingen können.
- Sie erfahren, dass Gott jeden auf seinem Lebensweg begleitet, und sie sollen verstehen, dass Gott gnädig und barmherzig ist.
- Sie sollen sich mit den Glaubensaussagen „Gott ist dem Menschen nah und begleitet auf dem Lebensweg" und „Gott verzeiht und schenkt immer wieder einen Neuanfang" auseinandersetzen und über das Gelernte und Empfundene reflektieren.

Zur Sache: Das Jona-Buch

Die Jona-Erzählung (Jona 1-4) setzt sich – theologisch gesehen – aus fünf Einzelszenen zusammen[2]:

1. Szene: Auftrag Gottes, nach Ninive zu gehen, um dort den Untergang zu predigen; Flucht des Jona vor diesem Auftrag (Jona 1,1-3)
2. Szene: Jona flieht mit dem Schiff nach Tharsis; im Sturm wird er ins Meer geworfen (Jona 1,4-16)
3. Szene: Jona ist drei Tage und Nächte im Bauch des Fisches; Jona betet im Bauch um Rettung; Jona wird an Land gespien und erhält einen neuen Auftrag von Gott (Jona 2,1–3,3a)

Itze/Moers: Theologisieren in der Grundschule, Band 2

(Das Gebet in Jona 2,3-10 ist ein sekundärer Zusatz)

4. Szene: Jona predigt in Ninive; die Niniviten kehren um; Gott hat Mitleid mit den Niniviten (Jona 3,3b-10)

5. Szene: Jona ist zornig über Gottes Barmherzigkeit; Gott zeigt Jona am Beispiel des Rizinusstrauches die Bedeutung von Mitleid und Vergebung (Jona 4,1-11)

Inhaltsangabe

Gott erteilt Jona den Auftrag, der Stadt Ninive den Untergang zu verkündigen. Doch Jona fürchtet diese Aufgabe und begibt sich auf die Flucht: auf eine Schiffsreise. Daraufhin schickt Gott einen gewaltigen Sturm und das Schiff des flüchtenden Jona gerät in Seenot. Das Unwetter beruhigt sich erst, nachdem die Seeleute Jona über Bord geworfen haben. Jona wird von einem großen Walfisch verschlungen. Im Leib des Walfisches fleht Jona um Gnade; nach drei Tagen erhört Gott sein Gebet und gibt ihn aus seiner Gefangenschaft frei. Nun gehorcht Jona und verkündigt der Stadt Ninive die göttliche Botschaft. Dort gehorchen die Einwohner seinem Ruf und ändern ihr Verhalten. König und Einwohner erflehen Gnade, die Gott ihnen gewährt, und so bleibt die Stadt letztlich verschont. Jona hadert allerdings mit dem „menschlichen" Gesicht Gottes, das von Barmherzigkeit und Mitgefühl geprägt ist.

Die Protagonisten

Hauptträger der Handlung sind Jona und Gott, die in enger Beziehung zueinander stehen. Der Lebensweg des Jona durchläuft verschiedene Wegetappen, auf denen Gott Jona begleitet. Mit Jona wird auf die historische Jonafigur verwiesen (2. Kön. 14,23 ff.), die jedoch nicht mit dem Jona gleichzusetzen ist[3], der in Jahwes Auftrag nach Ninive gehen soll. Deshalb wird Jona nicht als historische Person, sondern als „Typus" gekennzeichnet; „Prophet" wird er in der Erzählung kein einziges Mal genannt.[4] „Jona ist in der Optik des unbekannten Verfassers der Jona-Erzählung der Jedermann in Israel: So wie Jona, jede Gemeinschaft meidend, sich in das Innere des Schiffes zurückzieht und sich Gott und der Welt gegenüber in einen Tiefschlaf begibt, so verhält sich auch Israel gegenüber den anderen Völkern. – Wie Jona bekennt Israel formelhaft und unengagiert seinen Glauben an Jahwe, den Schöpfer der Welt. So wie Jona nichts zur Rettung des Schiffes beisteuert, so unternimmt Israel nichts zur Rettung der Welt."[5]

Die Städte

Die Jona-Erzählung setzt die Städte Ninive (Hauptstadt des Assyrer-Reiches am Tigris) und Tharsis (eine phönizische Siedlung in Südspanien) einander gegenüber (Jona 1,1-2).[6] Die beiden Städte gelten als die einander gegenüberliegenden Endpunkte der damaligen Welt. Jona flieht aus Angst vor dem Auftrag Gottes ans „Ende der Welt". Schließlich gelangt er aber doch nach Ninive und erfüllt in dieser Stadt den Auftrag Gottes. Zur Zeit, als Jona den Auftrag erhielt, soll er sich in Gat-Hepher befunden haben.

Ninive ist gleichfalls Metapher: Obwohl die damalige Hauptstadt des Assyrer-Reiches zur Zeit des Jona-Buches längst untergegangen war, ist ihr Name für die nachexilische Gemeinde weiterhin stark negativ besetzt und Inbegriff aller Grausamkeit, Sitten- und Gottlosigkeit. Zur Zeit des Jona-Buches war Ninive überall da, wo Israel aufhörte, und identisch mit der übrigen Welt.[7]

Allgemeines

Das Jona-Buch spielt in den drei monotheistischen Weltreligionen Judentum, Christentum und Islam eine wichtige Rolle.[8] Es nimmt innerhalb der Zwölfprophetenbücher eine Sonderstellung ein, da es keine Sammlung von Prophetenworten, sondern eine Prophetenerzählung in Prosa ist, die lehrhaften Charakter hat (Entstehungszeit: ca. 400 v. Chr.): Die Jona-Erzählung ist eine „Lehrerzählung vom universalen Heilswillen Gottes"[9]. Die Geschichte von Jona kann mit einer Novelle verglichen werden. Die Darstellung verrät durch ihren kunstvollen Aufbau, dass es ihr nicht einfach um Schilderung eines Geschehens, sondern um Vermittlung einer bestimmten Einsicht geht. Jona bekommt den Auftrag, der Stadt Ninive, die für Israel der Inbegriff der Bosheit und Gottferne darstellt, das Strafgericht anzusagen. Er entzieht sich zunächst diesem Auftrag durch Flucht über das Meer, aber nicht allein aus Angst vor den bösen Leuten von Ninive, sondern – wie sich am Ende herausstellt – weil er ihnen die Chance der Umkehr und Rettung nicht gönnt (Jona 4,2). Durch das, was er erlebt, soll Jona lernen, dass die Güte Gottes nicht auf Israel beschränkt ist, sondern allen gilt, die sich ihm reumütig zuwenden. Die überraschend bußfertigen Leute von Ninive, aber auch die frommen Seeleute stehen als Beispiel dafür, dass die Menschen außerhalb Israels nicht verdammenswert sind. Von besonderer Aktualität war dieses Thema im 5./4. Jahrhundert v. Chr., als sich die jüdische Gemeinde aufgrund der Tätigkeit Esras und Nehemias immer mehr von anderen Völkern verschloss, während gleichzeitig Fremde sich dem Glauben Israels zuzuwenden begannen. Vielleicht ist die Geschichte damals aufgeschrieben worden, um zu bezeugen: Gott will alle Menschen retten und sein Volk Israel (Jona) ist dazu berufen, die Einladung an alle auszurichten.

Berühmt geworden ist die Jona-Geschichte nicht wegen dieser Lehre, auf die sie am Ende hinausläuft, sondern durch den großen Fisch, in dessen Bauch Jona drei Tage und drei Nächte verbringen muss. „Jona im Fischbauch" ist zum Bild geworden für eine Erfahrung, die seither Unzählige gemacht haben: dass Gott den Menschen in die Tiefen der Verzweiflung, ja an die Grenze des Todes führt, damit er sich aus dem Gefängnis der Vorurteile, aus engherziger Selbstabkapselung löst und zum lebensvollen Zeugen der weltumspannenden Liebe Gottes wandelt. Das Symbol des Walfischbauches verdeutlicht, dass Jona in dieser Zeit ambivalente Lebenserfahrungen sammelt. Er macht Erfahrungen im „Bauch der Hölle" (Raum des drohenden Todes), aber auch Erfahrungen im „Bauch der Höhle" (Schutzraum als Übergang für ersehntes Leben); er macht Grunderfahrungen, die ihn zu neuem Leben ermutigen.[10]

Vorüberlegungen

In dieser Unterrichtsreihe begeben sich die Kinder auf den Weg des Jona, der von Höhen und Tiefen geprägt ist und der erkennen lässt, dass Gott sich dem Menschen jederzeit – gerade auch in Krisenzeiten des Lebens – zuwendet: Gott begleitet auf dem Lebensweg; Gott verzeiht und schenkt immer wieder einen Neuanfang.

Die Erzählvorlage
Die Geschichte wurde kindgemäß – nah am biblischen Text – entfaltet und befindet sich im Anhang (**M 1**). In den Blickpunkt der Erzählung wurde die Figur des Jona gestellt, da die Kinder anhand seiner möglichen Gedanken und Gefühle in den Prozess des Theologisierens gelangen sollen.

Die Arbeit mit Legematerialien
Im Zentrum der Arbeit steht die kreative Erarbeitung der Geschichte durch den Einsatz von Legematerialien. Das Seil ist dabei das zentrale Wegsymbol, an dem die Wegstationen des Jona verdeutlicht und gelegt werden. So wird das Bodenbild schrittweise erweitert.

Tipp:
Die Legematerialien können gemeinsam mit den Kindern gesammelt werden.
Legematerialien können sein:
- einfarbige Tülltücher oder zugeschnittene Stoffreste (schwarz, weiß, rot, grün, gelb, blau),
- kleine Glassteine,
- kleine Kieselsteine,
- Holzkegel,
- kleine Holzstöckchen,
- künstliche Blüten und Blätter.

Zum Aufbewahren eignen sich verschieden große Pappschachteln, die in einer großen Kiste aufbewahrt werden.

Der ritualisierte Stundenablauf
In den meisten Sequenzen bietet es sich an, den Stundenablauf zu ritualisieren. Dadurch erhalten die Kinder methodische Transparenz und emotionale Sicherheit im Verlauf der Jona-Reihe:
1. Lied/Wiederholung des bekannten Teils der Geschichte
2. Erzählung mit Legematerialien/Bodenbild
3. Unterrichtsgespräch
4. Gestaltungsphase
5. Vorstellen der Ergebnisse

Das Jona-Buch
Die Kinder gestalten während der Unterrichtsreihe ein eigenes Jona-Buch, das ihnen den Prozess des Theologisierens verdeutlicht. Dieses Buch entsteht den einzelnen Sequenzen entsprechend sukzessiv. Die einzelnen Buchseiten weisen folgenden gleichbleibenden Aufbau auf:

1. Thema
2. Textausschnitt
3. Aufgabe zum Theologisieren
4. Handlungsaufgabe: Schreiben oder Gestalten zu den eigenen Gedanken oder Bildern

Die Kinder haben durch die Gestaltung des eigenen Jona-Buches die Möglichkeit, die Jona-Erzählung noch einmal vertiefend zu lesen. Sie erfassen den Kerngedanken oder die Kernfrage der jeweiligen Sequenz und können

schriftsprachlich oder gestalterisch tätig werden. Häufig werden die Kinder aufgefordert, sich in die Person des Jona hineinzufühlen und seine Gefühle und Überlegungen in Gedanken- oder Sprechblasen aufzuschreiben. So findet eine intensive Auseinandersetzung mit der Person des Jona – im Spiegel eigener Erfahrungen – statt.
Kinder, die in den einzelnen Sequenzen mit ihren Aufgaben schnell fertig sind, können individuell in ihrem Jona-Buch weiterarbeiten. Natürlich können sie ihre Gedanken auch auf vorbereitete Blätter schreiben und diese in ihr Buch integrieren (**M 17**).

Tipp:
Die einzelnen Seiten können während der Unterrichtsreihe mit einem Heftstreifen zusammengehalten werden. Im Anschluss an die Reihe bietet sich eine Spiralbindung an. Vor die Titelseite kann eine Folie gebunden werden.

Zum Verlauf

1. Sequenz: Jonas Berufung (Jona 1,1-2) – Die Ballade „Die Geschichte von Jona und der schönen Stadt Ninive" als Grundlage zur Auseinandersetzung mit der Stadt Ninive und zur Verschriftlichung des unmenschlichen und unsozialen Verhaltens der Niniviten auf Meckerzetteln

Material:
- Legematerialien (Seil, Ortsschilder, Jona-Figur)
- Erzählvorlage (**M 1, Teil 1**)
- Lied: „Geh, Jona, geh" (**M 2**)
- Die Geschichte von Jona und der schönen Stadt Ninive (**M 3**)
- Meckerzettel (**M 4**)
- Jona bekommt einen Auftrag von Gott (**M 5**)

Zu Beginn der ersten Unterrichtssequenz versammeln sich die Kinder in einem Sitzkreis um eine gestaltete Mitte. Auf einem Tuch liegt ein Seil. Am Anfang des Seils steht ein kleiner Holzkegel, der Jona darstellen soll, und ein Schild mit dem Ortsnamen „Gat-Hepher". Am Seil liegt ein Schild mit dem Namen „Ninive". Die Kinder äußern sich dazu, was sie sehen und welche Gedanken sie zu dem Bodenbild haben. Sie werden sicher vermuten, dass es um eine Person geht, die am Anfang eines (vielleicht schwierigen) Weges steht. Die Lehrperson liest nun den ersten Teil der Erzählung vor (**M 1, Teil 1**), in der Jona den Auftrag erhält, den Bürgern der Stadt Ninive Gottes Strafe mitzuteilen, da er nicht länger mit ansehen kann, wie böse die Leute dort sind. Wenn die Menschen ihr Verhalten nicht ändern, wird Ninive in vierzig Tagen untergehen.

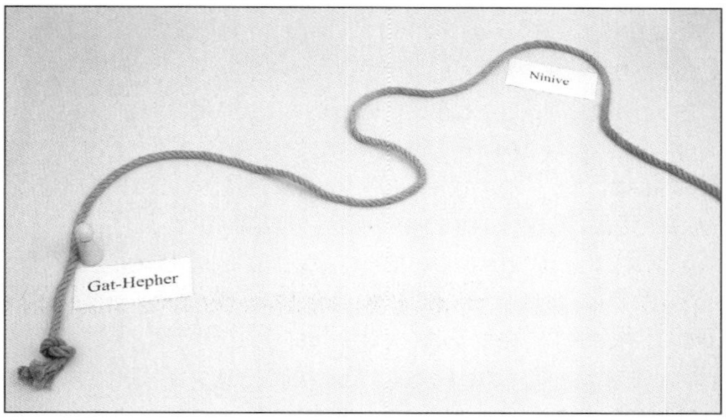

Jonas Berufung: Geh nach Ninive!

Durch ein Unterrichtsgespräch und das Lied „Geh, Jona, geh" (**M 2**) wird diese Aufgabe herausgearbeitet. Im Anschluss daran wird die Ballade „Die Geschichte von Jona und der schönen Stadt Ninive" (**M 3**) mit verteilten Rollen gelesen. Der Gegensatz von den *schönen* und *bösen* Seiten Ninives wird im Unterrichtsgespräch herausgearbeitet und in einem Tafelbild festgehalten:

Ninive ist eine schöne Stadt	**Ninive ist eine böse Stadt**
starke, dicke Mauern	Die Leute trinken und essen viel – an die Hungernden denkt keiner.
Wächter machen Blasmusik	Soldaten rauben Sachen von anderen Menschen.
Tür mit goldenen Riegeln	Die Menschen beherrschen andere Völker und führen Krieg.
bunte Häuser mit spitzen Türmen	Sie lassen gefangene Menschen für sich arbeiten und bezahlen kaum Geld dafür.
wunderschöne Stadt	*unmenschliches Verhalten, gottloses Verhalten*

Nachdem die Kinder sich mit der Stadt intensiv auseinandergesetzt haben, schreiben sie Meckerzettel, die das gottlose und asoziale Verhalten der Niniviten verdeutlichen sollen (**M 4**). Durch diesen Schreibanlass wird den Kindern bewusst, dass Jona vor der Stadt und seinen „bösen" Einwohnern Angst hat und flüchten will. Er will sich seinem Auftrag entziehen und nicht nach Ninive gehen.

Meckerzettel:
1) Jeder denkt nur an sich!
2) Alle beschimpfen sich gegenseitig!
3) Die Größeren achten nicht auf die Kleineren!
4) Arme Leute müssen hungern und werden vergessen!
5) Die Soldaten werden zu den Leuten geschickt, um zu plündern! Das ist ungerecht!

Kinderbeispiele (4. Schuljahr): Meckerzettel

Im Anschluss an die Schreibphase lesen die Kinder ihre Meckerzettel im Klassenverband vor. Auf dem Arbeitsblatt „Jona bekommt einen Auftrag von Gott" (**M 5**) erhalten die Kinder nun den Erzählabschnitt. Sie setzen sich vertiefend mit der Gefühlslage des Jona auseinander, der mit seinem Auftrag hadert. Dabei ist es die Aufgabe, Jonas Gefühle in einem Bild auszudrücken und diese in Form eines Elfchen-Gedichtes zu verbalisieren.
Alle bearbeiteten Arbeitsblätter sind Bestandteile des Jona-Buches und werden mit den Arbeitsblättern der nächsten Stunden zusammengeheftet (s. Vorüberlegungen).

Info: Elfchen
Ein Elfchen ist eine Gedichtform, die aus elf Wörtern besteht. In der ersten Zeile steht ein Adjektiv. In der zweiten Zeile steht ein Nomen mit einem bestimmten oder unbestimmten Artikel, das sich auf das vorherige Wort bezieht. In der dritten Zeile wird mit drei weiteren Wörtern das Gemeinte abermals näher beschrieben. In der vierten Zeile gibt man mit vier Wörtern eine nähere Erläuterung. Die letzte Zeile besteht aus einem abschließenden Wort.

Ninive
böse
die Stadt
Gott sagt „Geh!"
Jona will nicht gehen
allein

Ninive
unmenschlich
das Verhalten
nur böse Menschen
Jona hat viel Angst
weglaufen

Kinderbeispiele (3. Klasse)

2. Sequenz: Jonas Abkehr vom Ruf Gottes und seine Flucht nach Tharsis (Jona 1,3) – Kreative Erschließung eigener Angsterfahrungen

Material:
- Lied: „Geh, Jona, geh" (**M 2**)
- Erzählvorlage (**M 1, Teil 2**)
- Legematerialien (Seil, Ortsschilder, Jona-Figur, blaues Tuch)
- Jona flüchtet vor dem Auftrag Gottes (**M 6**)
- Leere Karteikarten
- Landkarte: „Jonas Flucht" (**M 7**)

Zu Beginn der Sequenz wiederholen die Kinder den Anfang der Jona-Geschichte mit dem Auftrag Gottes. Der gelernte Liedruf (**M 2**) unterstützt den biblischen Text. Die Kinder hören den weiteren Verlauf der Jona-Erzählung: Sie erfahren, dass Jona den Auftrag nicht erfüllen und nach Tharsis fliehen will (**M 1, Teil 2**). Dieser Erzählabschnitt wird mit Legematerialien visualisiert.

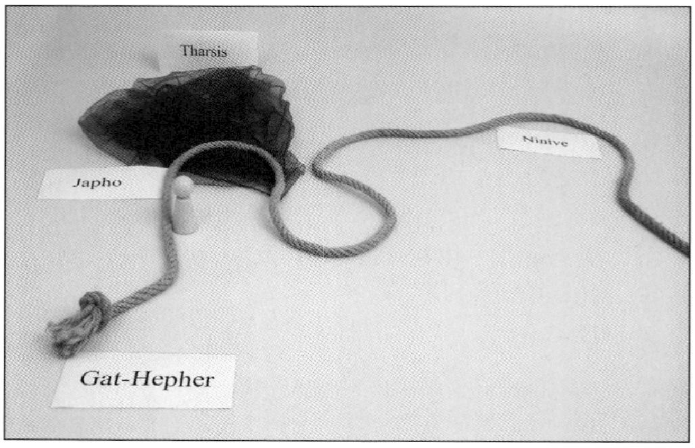

Jona flüchtet vor dem Auftrag Gottes

Da die Kinder bereits in der ersten Sequenz ein Verständnis für Jonas Angst vor seinem Auftrag entwickelt haben, können sie seine Abkehr vom Ruf Gottes sowie seine Flucht nach Tharsis verstehen. Sie hinterfragen nun gemeinsam den unangenehmen Auftrag und beschreiben Gründe und Gefühle für die Tatsache, dass Jona vor der Verantwortung ausweichen will.

Auf farbige Karteikarten schreiben sie nun ihre Gedanken und Gefühle und legen sie auf die gestaltete Mitte: Wie fühlt sich Jona? Warum will er weglaufen? Am Schluss kommen die Kinder wieder in den Sitzkreis, stellen ihre Ergebnisse vor und erläutern ihre Gedanken.
Anschließend arbeiten die Kinder in ihrem Jona-Buch weiter, indem sie Jonas Angst malen und beschreiben (Arbeitsblatt: „Jona flüchtet vor dem Auftrag Gottes", **M 6**). Die beschrifteten Karten des Bodenbilds helfen ihnen dabei. Im Anschluss daran setzen sie sich mit ihren eigenen Ängsten auseinander, indem sie diese auch aufmalen und beschreiben. Der Übergang von Jonas Angst zur eigenen Angst sollte behutsam und freiwillig erfolgen. In der Regel haben Kinder mit dieser Aufgabe keine Probleme und sind froh, dass im Unterricht Raum für die Gestaltung der eigenen Angstgefühle vorhanden ist. Wichtig ist eine gemeinsame Besprechung am Ende der Sequenz, in der deutlich wird: *Jeder Mensch hat Angst. Angst gehört zum Leben dazu. Angst ist menschlich. Es gibt viele verschiedene Ängste. Mit der Angst muss der Mensch leben lernen.*[11] Zudem erhalten die Kinder die Landkarte (**M 7**) für ihr Jona-Buch, die sie farblich gestalten können; diese zeigt den Fluchtweg des ängstlichen Jona.

3. Sequenz: Jona und die Seeleute auf dem Schiff (Jona 1,4-16) – Auseinandersetzung mit Jonas Schuld- und Angstgefühlen vor Gottes Macht

Material:
- Lied: „Geh, Jona, geh" (**M 2**)
- Erzählvorlage (**M 1, Teil 3**)
- Legematerialien (Seil, Ortsschilder, Jona-Figur, blaues Tuch, Schiff)
- Jona wird von den Matrosen ins Meer geworfen (**M 8**)
- Karteikarte mit Psalmtext (Ps 69,2-3)

Auch diese Sequenz beginnt mit der Wiederholung der bekannten Textabschnitte durch die Kinder. Nach dem Singen des Liedes „Geh, Jona, geh" (**M 2**) legen die Kinder das Bodenbild nach und erzählen von Jonas Vorhaben. Die Kinder erfahren den Fortgang der Geschichte (**M 1, Teil 3**): Sie hören, dass Jona in Japho das Schiff besteigt, dass ein Sturm aufkommt, dass die Matrosen Angst haben, dass diese einiges tun, um sich zu retten, dass sie die Rettung erleben, als sie Jona über Bord werfen und dadurch Gott als mächtig erfahren. Die Kinder legen und verändern entsprechend das Bodenbild. Sie vervollständigen die gestaltete Mitte durch die Schilder Japho/Tharsis und durch ein kleines Holzboot. Sie setzen die Jona-Figur zunächst in das Boot; danach legen sie die Figur auf das blaue Tuch.

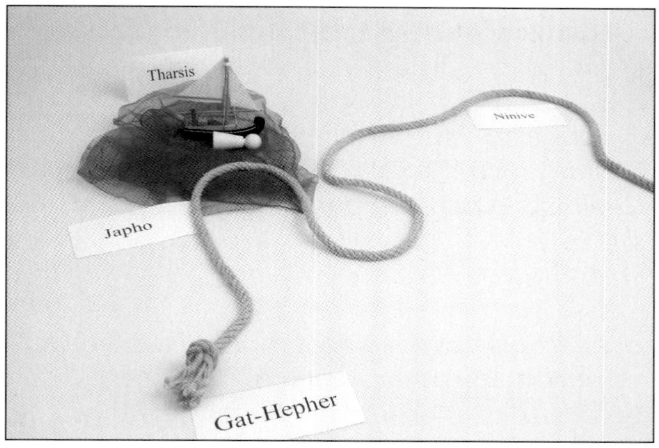

Jona wird ins Meer geworfen

Die Kinder sprechen im Sitzkreis darüber, was Jona auf dem Meer denkt und wie er sich fühlt: Er bekennt sich schuldig vor Gott, er resigniert. Dadurch erhalten die Kinder Ideen für die sich nun anschließende Gestaltungsphase, in der sie diese Gedanken und Gefühle in eine Sprechblase hineinschreiben sollen (Arbeitsblatt „Jona wird von den Matrosen ins Meer geworfen", **M 8**). Einige Kinder werden sicherlich auch die Form des Gebetes wählen.
Zum Abschluss bietet es sich an, die Texte der Kinder mit einem Psalmwort zu verschränken. Nachdem die Kinder ihre Texte vorgelesen haben, wird eine Karteikarte mit dem Psalmwort in das Bodenbild integriert: „Gott, hilf mir, denn das Wasser geht mir bis an die Kehle. Ich versinke in tiefem Schlamm, wo kein Grund ist. Ich bin in tiefe Wasser geraten, und die Flut will mich ersäufen." (Ps 69,2-3) Es wird deutlich werden, dass die Texte der Kinder und das Psalmwort in enger Korrelation stehen.

Tipp: Die Kinder erhalten die Möglichkeit, auf einer Pappfläche in der Größe von 50 cm x 50 cm oder auf einfarbigen Platzdeckchen bzw. Teppichfliesen dieses Psalmwort mit Legematerialien individuell zu gestalten. Die Kinder stellen einzeln ihre Legebilder vor und begründen ihre Entscheidungen für Material und Farben. Anschließend fotografiert die Lehrperson die Ergebnisse.

4. Sequenz: Jona im Bauch des Wales (Jona 2,1-3,3a) – Hineinfühlen in die Situation des Jona im Walfischbauch und Formulieren eines Gebetes zu Gott als Ausdrucksform für die ambivalenten Gefühle von „Angst" und „Hoffnung"

Material:

- Erzählvorlage (**M 1, Teil 4**)
- Legematerialien (Seil, Ortsschilder, Jona-Figur, blaues Tuch, Walfisch)
- Jona sitzt im Bauch des Fisches und spricht mit Gott (**M 9**)
- Impulskarten als Differenzierungshilfen (**M 10, M 11**)
- Meditative Musik

Im Anschluss an die Wiederholung des bekannten Teils der Erzählung durch die Kinder erzählt die Lehrperson den 4. Teil bis zu der Textstelle: „Er betete ...": Jona sinkt in die Tiefen des Meeres und wird vom Walfisch verschlungen. Der redaktionelle Zusatz (Verse 3–10) wird in die Geschichte nicht einbezogen, da die Kinder selbst Gebete verfassen sollen (**M 1, Teil 4**).

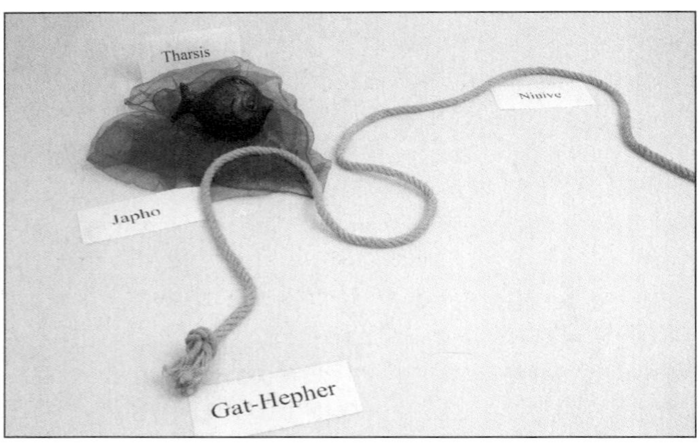

Jona im Walfischbauch

Mithilfe einer Traumreise können die Kinder sich besonders gut in die Angst- und Notsituation des Jona im Bauch des Wales hineinfühlen. Meditative Musik im Hintergrund unterstützt den Prozess des Nachempfindens und der Identifikation mit Jonas Situation.

Angeleitete Fantasiereise:
Entspann dich. Mach es dir bequem. Schließe die Augen. Stelle dir vor, du bist Jona. Du hockst im Bauch des Wales. Es ist kalt. Du frierst. Es ist dunkel. Du hast Angst.
Du legst dich wie Jona auf den Walfischboden und denkst nach. Du hörst auf die Stimme und die Melodie in deinem Herzen. Du weißt, dass du Unrecht getan hast. Du weißt aber auch, dass du Gott immer vertrauen kannst und dass er dich nicht im Stich lässt. Du betest zu Gott. Du sagst ihm, wie du dich fühlst. Du sagt ihm, welche Gedanken dir durch den Kopf gehen und was du dir wünschst. Spüre Jonas Gefühlen und Wünschen nach. ...
Langsam wirst du wieder wach. Du kommst in der Klasse an. Klopfe deine Arme und Beine wach. Nun schreibe auf, was du als Jona zu Gott gebetet hast.

Nachdem einige Kinder ihre Assoziationen benannt haben, erhalten alle das Arbeitsblatt „Jona sitzt im Bauch des Fisches und spricht mit Gott" (**M 9**) und den Auftrag, Jonas Gefühle und Gedanken in der Notsituation des Walbauches in Gebetsform in einer Sprechblase aufzuschreiben. Dazu sollte die meditative Musik im Hintergrund leise weiterlaufen, um eine Brücke von der Fantasiereise zum Schreibprozess zu schaffen. Durch die Identifikation mit Jona beschreiben die Kinder Jonas Gefühle und Wünsche, die aber letztlich ihre eigenen Erfahrungen von Angst und Hoffnung sichtbar machen. Zudem erfahren die Kinder, dass in einem Gebet – als Gespräch mit Gott – sowohl Klage als auch Hoffnung zum Ausdruck gebracht werden können. Durch die doppelte Perspektive von Klage/Ausweglosigkeit („Ich fühle mich ...") und der ersehnten Hoffnung („Ich wünsche mir ...") wird die Ambivalenz des Lebens zum Ausdruck gebracht: Klage und Hoffnung gehören zusammen.
Die Kinder, die zunächst keine Schreibidee haben, erhalten durch die Impulswörter (**M 10 und M 11**) eine Hilfe für ihren Schreibprozess.

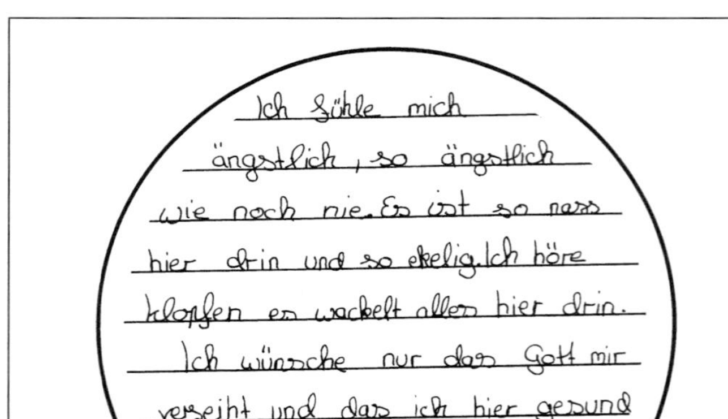

Kinderbeispiel (4. Schuljahr)

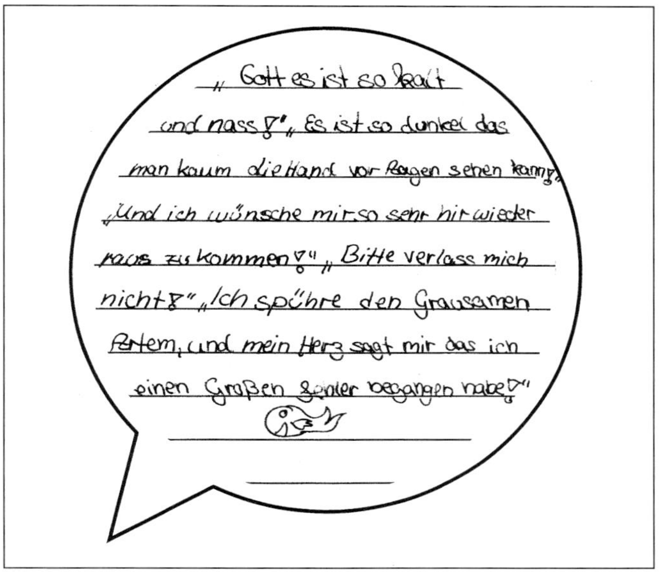

Kinderbeispiel (4. Schuljahr)

Im Abschlusskreis lesen die Kinder ihre Gebete vor. Sie können die Gebete nochmals auf separate Sprechblasen schreiben, ausschneiden und sie in das Bodenbild integrieren: So wird Jonas Not im Walfischbauch und seine Hoffnung in Gott bildlich zum Ausdruck gebracht.
Zum Schluss wird das Ende des 4. Teils vorgelesen (**M 1, Teil 4**). Dieser Text gibt den Kindern einen positiven Ausblick: Jona wird befreit.

Die Kinder legen ihre Gebete um die Figur des Jona

Die Erfahrungen der Kinder im Walfischbauch müssen nicht nur Angsterfahrungen widerspiegeln. Die Kinder können im Walfischbauch auch das Gefühl der Geborgenheit erleben, denn er ist ein Symbol und daher ambivalent. Einerseits ist er der Bauch der Hölle, in der Leben zugrunde geht, und andererseits ist er der Mutterschoß, aus dem neues Leben hervorgeht.[12] Durch gezielte Impulse können entsprechende Gedankengänge der Kinder angestoßen werden. Ihnen soll bewusst werden, dass Gott Jona nicht fallen lässt, sondern ihn im Fischbauch verändert, ihn den Übergang von den Höllenqualen drohender Vernichtung bis zur Rettung durchleben lässt. Jonas Gebet hat eine besondere Bedeutung, da Jona die Beziehung zu Gott wieder aufnimmt und sein Vertrauen ihm gegenüber zum Ausdruck bringt. An Land geworfen nimmt Jona – als Verwandelter – seinen Lebensweg wieder auf. Jonas Gebet hat Brückenfunktion: Es gibt einen Jona vor dem Gebet und einen anderen Jona nach dem Gebet.

Tipp: Als Abschluss der Sequenz kann den Kindern das alttestamentliche Gebet des Jona (redaktioneller Zusatz) vorgelesen werden. Im Gespräch kann herausgearbeitet werden, inwiefern die Gebete der Kinder dem biblischen Gebet sehr ähnlich sind.

„In meiner Not rief ich zu dir, Herr, und du hast mir geantwortet. Als schon der Tod nach mir griff, hast du meinen Hilfeschrei vernommen. Du hattest mich mitten ins Meer geworfen, die Fluten umgaben mich; alle deine Wellen und Wogen schlugen über mir zusammen. Ich dachte schon, du hättest mich aus deiner Nähe verstoßen, deinen heiligen Tempel würde ich nie mehr sehen. Das Wasser ging mir bis an die Kehle. Ich versank im abgrundtiefen Meer, Schlingpflanzen wanden sich mir um den Kopf. Ich sank hinunter bis zu den Fundamenten der Berge, und hinter mir schlossen sich die Riegel der Totenwelt. Aber du, Herr, mein Gott, hast mich lebendig aus der Grube gezogen. Als mir die Sinne schwanden, dachte ich an dich, und mein Gebet drang zu dir in deinen heiligen Tempel. Wer sich auf nichtige Götzen verlässt, bricht dir die Treue. Ich aber will dir danken und dir die Opfer darbringen, die ich dir versprochen habe; denn du, Herr, bist mein Retter." (nach Jona 2,3-10)

5. Sequenz: Jona in Ninive (Jona 3,3b-10) – Die Niniviten folgen Jonas Ruf und ändern ihr Verhalten

Material:
- Erzählvorlage (**M 1, Teil 5**)
- Legematerialien (Seil, Ortsschilder, Jona-Figur, blaues Tuch, Figuren der Niniviten)
- Jona predigt in Ninive (**M 12**)

Zu Beginn der Sequenz wiederholen die Kinder die Bedeutung der Gebete für den Fortlauf der Erzählung: Gott erhört Jonas Gebete und wird an Land gespien. Durch die Erzählung der Lehrperson (**M 1, Teil 5**) hören die Kinder den Fortgang der Geschichte und erfahren, dass Jona nun wirklich nach Ninive geht. Die Jona-Figur wird vor die Tore der Stadt gestellt, in der er nun seine Predigt hält. Die Kinder werden durch diese handlungsorientierte Auseinandersetzung in den Prozess des *Theologisierens* hineingestellt und erhalten nun die Aufgabe, Jonas Predigt mit ihren eigenen Worten aufzuschreiben (Arbeitsblatt „Jona predigt in Ninive", **M 12**).

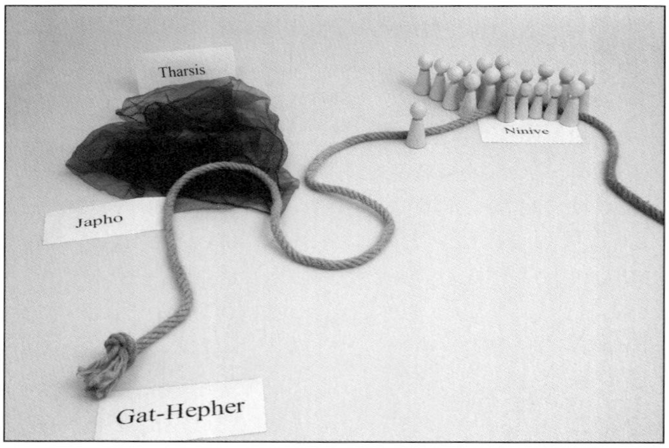

Jona predigt in Ninive

Kinderbeispiel: Die Predigt des Jona

Im Abschlussgespräch lesen die Kinder ihre „Predigten" vor. Sie antizipieren, was nun geschehen könnte, führen ein Gespräch über den richtigen Weg und die damit verbundene mögliche Umkehr. Die Lehrperson erzählt den Kindern, dass die Niniviten Jonas Ruf folgen und ihr Verhalten ändern.

6. Sequenz: Jona unter dem Rizinusstrauch (Jona 4,1-11) – Musikalische Umsetzung von Jonas ambivalenten Gefühlen bei der Auseinandersetzung mit Gottes Barmherzigkeit

Material:
- Erzählvorlage (**M 1, Teil 6**)
- Legematerialien (Seil, Ortsschilder, Jona-Figur, Baum, Figuren der Niniviten)
- Jona unter dem Rizinusstrauch (**M 13**)
- Musikinstrumente

In der 6. Sequenz erfahren die Kinder durch die Erzählung (**M 1, Teil 6**), dass Jona unter einem Rizinusstrauch Rast macht. Dort hadert er mit Gott, da dieser den Niniviten verzeiht und die Stadt nicht untergehen lässt. Die Kinder hören, dass Jona vergeblich auf die Zerstörung Ninives wartet, an Gottes Macht zweifelt, ihn anklagt, sich über seine Menschenliebe ärgert und dass er in tiefe Depression verfällt. Sie hören, dass Gott Jona durch ein Zeichen antwortet, indem er einen Rizinusstrauch wachsen lässt, der ihm Schatten spendet; Gott lässt über Nacht dieses Gewächs wieder vertrocknen, dadurch ist Jona schutzlos der Sonne ausgesetzt. Sie erfahren, dass Gott auf Jonas Klage folgendermaßen reagiert: „Du hast Mitleid mit der Rizinusstaude, um die du keine Mühe gehabt und die du nicht großgezogen hast, die innerhalb einer Nacht entstand und innerhalb einer Nacht verging. Und ich dürfte nicht Mitleid haben mit Ninive, der großen Stadt?" Gott ermutigt Jona abermals zu lebensbejahendem Verhalten, das von Mitgefühl und Barmherzigkeit geprägt ist. Die Kinder hören die eigentliche Pointe der Geschichte, dass Gott das Verhalten des Jona entlarvt, ihn ein zweites Mal „rettet" und seine Güte größer ist als sein Zorn. Jona ist der typische Vertreter des frommen Israel, der die Welt einfach in Schwarz und Weiß einteilt: hier die frommen Juden und dort die gottlosen Heiden. Gottes Erbarmen ist nach Meinung des Jona nur für die Juden, aber nicht für die ungläubigen Heiden da. Die Kinder bekommen durch die Geschichte ein positives Gottesbild vermittelt. Sie hören von einem barmherzigen Gott, der nicht nur für die Juden, sondern auch für die gottlosen Heiden da ist, was Jona nicht verstehen will. Das Ende der Geschichte wird angedeutet: Jona erkannte Gottes Güte und Barmherzigkeit und war nicht länger zornig.
Eine geeignete Umsetzungsmöglichkeit der ambivalenten Gefühle Jonas bietet eine Verklanglichung mit Orff-Instrumenten.

Kinder können Gefühle musikalisch zum Ausdruck bringen (z.B. Jonas Wut – ausgedrückt durch Trommelwirbel; Jonas Mitgefühl – ausgedrückt durch ein Glockenspiel).
Im direkten Anschluss daran verschriftlichen die Kinder Jonas Gedanken unter dem Rizinusstrauch im Gegensatz zu den „Gedanken Gottes" (Arbeitsblatt „Jona unter dem Rizinusstrauch", **M 13**). Im Abschlussgespräch wird deutlich herausgearbeitet, dass in dem 6. Teil der Jona-Geschichte zwei zentrale Sätze zum Ausdruck kommen: „Gott verzeiht" und „Gott ist barmherzig".

Gedanken des Jona:
- Ich verstehe Gott nicht!
- Warum zerstört er die Stadt nicht?
- Warum verzeiht Gott den Menschen?

„Gedanken Gottes":
- Die Menschen haben sich geändert.
- Ich verzeihe den Niniviten.
- Alle Menschen sind gleich wichtig.
- Die Niniviten haben sich geändert, also sollen sie leben!
- Ich habe die Menschen gern. Das muss Jona verstehen!

Kinderbeispiele (3. und 4. Schuljahr)

Jona unter dem Rizinusstrauch

7. Sequenz: Feiern eines Festes „Gott begleitet auf dem Weg" – Gottes Barmherzigkeit ist größer als sein Zorn; Zusammenschau der einzelnen Wegabschnitte Jonas in Form eines „Lebensfestes"

Material:
- Erzählvorlage (**M 1, Teil 7**)
- Legematerialien (Seil, Ortsschilder, Jona-Figur, Figuren der Niniviten, blaues Tuch, Schiff, Walfisch, Baum)
- Jona erkennt: Gott ist barmherzig zu allen Menschen (**M 14**)
- Deckblatt „Jona-Buch" (**M 15**)
- Lied: „Jona will nicht nach Ninive" (**M 16**)

In der letzten Sequenz gehen die Kinder mit der kleinen Holzfigur Jona noch einmal den Weg am Seil entlang und wiederholen strukturiert den Inhalt der Geschichte. Sie hören den letzten Teil der Geschichte (**M 1, Teil 7**) und verändern das Bodenbild mit geeigneten Legematerialien: Sie stellen Jona und die Niniviten in einen festlichen Kreis und schmücken ihn mit bunten Blumen. Auf diese Weise wird die Feier zum Ausdruck gebracht. Den Kindern wird im Bild deutlich, dass Jona die Barmherzigkeit Gottes erkennt. Dieses ist Voraussetzung dafür, dass er mit den Niniviten ein Fest feiern und sich für sie freuen kann.

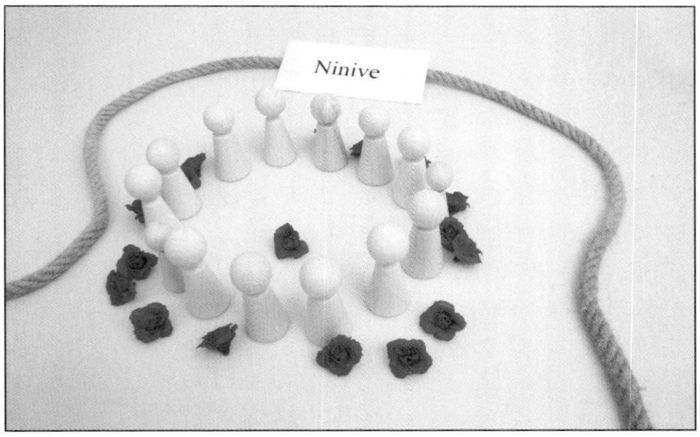

Jona feiert mit den Niniviten ein Lebensfest

Anschließend schreiben die Kinder ihre Gedanken zur Jona-Geschichte in Form eines Akrostichons auf: Hier können einzelne Wörter, Satzfragmente oder auch ganze Sätze oder Fragen notiert werden (Arbeitsblatt „Jona erkennt: Gott ist barmherzig ...", **M 14**).
Nachdem die Kinder ihre Ergebnisse präsentiert haben, erhalten sie das Deckblatt des Buches (**M 15**). Gemeinsam theologisieren sie im Gespräch über den Satz: „Gott begleitet Jona auf seinem Lebensweg". Den persönlich wichtig gewordenen Gedanken der Jona-Geschichte notiert jedes Kind individuell in der Gedankenblase.

Die Kinder reflektieren ihren Lernprozess: Was hat Jona gelernt? Was habe ich gelernt? Was hat mir an der Geschichte oder an unserer gemeinsamen Arbeit mit der Geschichte gefallen? Was hat mir nicht gefallen? Welche Verbesserungsvorschläge kann ich machen? Woran möchte ich weiterarbeiten?
Eine Abschlussfeier im Klassenverband verdeutlicht die Freude Gottes über das veränderte Verhalten der Niniviten. Jona als zentrale Figur überwindet seine Zweifel und seinen Zorn, schließt sich dieser Freude an und erkennt, dass der Gott ein Gott des Lebens ist. Gemeinsam wird gesungen (s. **M 16**) und symbolisch werden kleine Speisen gegessen. Insbesondere bietet sich das Lied „Jona will nicht nach Ninive" an, da es die ganze Geschichte inhaltlich wiederholt.[13]

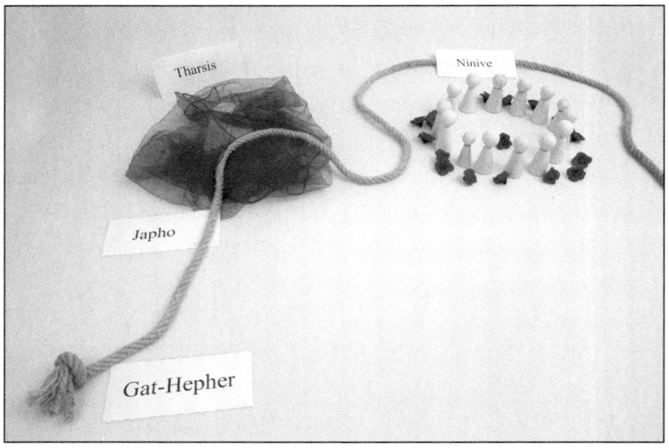

Jonas Weg

[1] Wöller (1977), in: Steffen (1990⁴), S. 27.
[2] Die Einteilung orientiert sich an Wolff (1977), vgl. S. 60 f.
[3] Vgl. Wolff (1977), S. 105.
[4] Vgl. Steffen (1994), S. 3.
[5] Freudenberg (1998⁶), S. 167.
[6] Vgl. Dröscher (1992⁴), S. 115.
[7] Vgl. Steffen (1994), S. 4 und Wolff (1977), S. 77.
[8] Vgl. dazu die Ausführungen in Steffen (1994), S. 9.
[9] A. a. O. , S. 3.
[10] Zum symboldramatischen Umgang mit dem Symbol des „Bauches" in der Jona-Geschichte vgl. Itze (2007), S. 261-304; vgl. auch Itze (2008), S. 105 f.
[11] Zum Umgang mit Angst vgl. Itze (2007), S. 22 ff. und 115 ff.
[12] Vgl. a.a.O. , S. 287 ff.
[13] An dieser Stelle sei Hannah Adams herzlich gedankt, die die Unterrichtsreihe in ihrer Klasse durchführte und Unterrichtsbeispiele zur Verfügung stellte.

Jona bekommt den Auftrag von Gott, die Einwohner von Ninive zu warnen (Teil 1):
Im Schlaf sprach eine Stimme zu Jona: „Jona, steh auf und geh nach Ninive, in die Hauptstadt von Assyrien. Geh und sage den Leuten dort, dass ich ihre Stadt zerstören will, weil sie so viel Böses tun." Jona erwachte und blickte sich um, aber er konnte nicht erkennen, woher die Stimme kam.

Jona flüchtet vor dem Auftrag Gottes (Teil 2):
Jona dachte: „Gott hat zu mir gesprochen. Aber warum zu mir? Ninive ist so weit weg von hier. Was habe ich damit zu tun, dass die Leute böse sind? Warum soll gerade ich nach Ninive gehen?"
Jona wollte nicht nach Ninive. Er hatte Angst, was ihm wohl in der Stadt passieren würde! Vielleicht würden sie ihn erschlagen, fesseln, einsperren oder gar umbringen? Er hatte aber auch Angst, was wohl geschehen würde, wenn er nicht ginge ... Heimlich verließ er Haus und Hof und seinen Esel und floh vor Gott. Lange wanderte er, bis er zur Hafenstadt Japho kam. Dort wollte Jona auf ein Schiff gehen, weil er hoffte, dann würde Gott ihn nicht finden.

Jona wird von Matrosen ins Meer geworfen (Teil 3):
Das Schiff, das Jona aufnahm, sollte nach Tharsis am Ende des Meeres fahren. Der Himmel war blau und das Wasser ruhig. Jona fühlte sich auf dem Schiff ganz sicher. Er wurde müde, schlief ruhig ein.
Plötzlich erhob sich ein starker Wind. Das Schiff wurde hin- und hergeworfen. Im Sturm trieb es von der Küste weg hinaus in die tobende See.
Der Kapitän und die Matrosen beteten zu ihren Göttern: „Rettet uns! Rettet uns!" Aber der Sturm wurde nur stärker. Jona wachte auf und erkannte, was geschah. Als der Kapitän des Schiffes fragte: „Woher kommt dieser Sturm? Ist jemand auf dem Schiff an diesem Sturm schuld?", da antwortete Jona: „Ich bin schuldig. Ich wollte mich vor Gott verstecken. Werft mich ins Meer, dann wird die See wieder ruhig sein." Da warfen die Matrosen Jona in die wilde See. Und das Meer beruhigte sich.

Jona sitzt im Bauch des Fisches und spricht mit Gott (Teil 4):
Jona sank immer tiefer und tiefer – bis auf den Meeresgrund. Die Wellen drohten ihn zu vernichten.
Doch da schickte Gott im letzten Moment einen großen Walfisch: Dieser sollte Jona verschlingen. So geschah es. Der Walfisch riss sein Maul auf und verschlang Jona.
Jona war nun im Bauch des Walfisches.
Er saß da nun schon drei Tage und drei Nächte lang. Schließlich erinnerte sich Jona an Gott und dachte: „Ich erzähle Gott, wie es mir geht, wie ich mich hier fühle – in diesem dunklen Bauch – und was ich mir wünsche." Und Jona sprach mit Gott ... Er betete ...
Gott hörte genau zu, was Jona ihm sagte. Und Gott sprach zu dem Fisch: „Spucke den Jona wieder an Land!" Da öffnete der Walfisch sein Maul und schleuderte Jona hinaus. Jona landete am Ufer, ganz in der Nähe, wo er abgereist war. Er atmete die frische Luft und freute sich über die warmen Sonnenstrahlen. Da hörte er zum zweiten Mal die Stimme Gottes: „Jona, mach dich auf deinen Weg nach ... Ninive!"

Jona predigt in Ninive (Teil 5):
Dieses Mal gehorchte Jona. Er ging zum Stadttor von Ninive und rief mit lauter Stimme: „Gott wird nach vierzig Tagen eure Stadt zerstören, weil ihr so viel Böses tut!"
Dann rannte er schnell weg und stieg auf einen Hügel. Er hatte große Angst, dass die Bewohner von Ninive ihn verfolgen würden. Aber die Leute in Ninive, die Jona gehört hatten, bekamen selbst Angst. Sie bereuten ihre bösen Taten und beteten Tag für Tag zu Gott um Vergebung.

Jona unter dem Rizinusstrauch (Teil 6):
Vom Gipfel des Hügels aus sah Jona hinüber zu der Stadt Ninive. In der brennenden Sonne wartete er geduldig, dass sie zerstört werden sollte. Aber nichts geschah. Die Stadt blieb heile. Gott hatte den Leuten in Ninive vergeben.
Jona war verwirrt. Gott bricht doch sein Versprechen nicht! Das konnte er nicht fassen! Während er so dachte, wuchsen hinter ihm einige Büsche in die Höhe. Dankbar empfand Jona, dass sie Schatten spendeten. Am Abend wurde es kühl nach der Hitze des Tages.
In der Dämmerung aber kamen die Würmer und fraßen alle Blätter von den Büschen. Als die Sonne aufging, stand Jona wieder in der sengenden Hitze. Da wurde er traurig und ärgerlich. Gott hatte ihn nach Ninive geschickt, um die Zerstörung anzukündigen, aber die Stadt blieb unversehrt. Gestern waren die Büsche gewachsen, in deren Schatten er saß, und heute waren sie ohne Laub und die Sonne stach ihn wieder. Jona war voller Zorn.
Da hörte Jona zum dritten Mal Gottes Stimme: „Warum bist du zornig, Jona? Dir tun die Büsche leid und du hast sie doch nicht selbst gepflanzt und mir sollen die Leute in der großen Stadt Ninive nicht leidtun, die ich geschaffen habe? Sie haben mich um Vergebung gebeten und ich habe ihnen vergeben!“
Da erkannte Jona Gottes Güte und war nicht länger zornig.

Jona erkennt: Gott ist barmherzig zu allen Menschen (Teil 7):
Da feierte Jona mit allen Niniviten ein großes Fest. Er kehrte zurück zu Haus und Hof und zu seinem Esel. Noch heute erinnert er sich an seine vergebliche Flucht vor Gott und seinen Zorn auf die Leute in Ninive und daran, wie er einsehen musste, dass Gottes Güte und Barmherzigkeit größer sind als sein Zorn.

(Erzähltext von Ulrike Itze)

Lied: „Geh, Jona, geh"

M 2

traditionell, bearbeitet von Ulrike Itze

Ballade: Die Geschichte von Jona und der schönen Stadt Ninive **M 3**

Wie schön war aus der Fern und Näh,
wie schön war die Stadt Ninive!

Sie hatte Mauern,
stark und dick.
Die Wächter machten
Blasmusik.

Ein Stadttor war aus blauen Ziegeln
mit schwerer Tür und goldnen Riegeln,
davor zwölf bärtige Soldaten
von einem Bein aufs andere traten.

Die Häuser waren schön und bunt,
die Türme spitz, die Türen rund.

Man konnte dort drei Tage wandern
von einem schönen Platz zum anderen.

Da blühten Bäume
in den Straßen,
auf denen bunte
Vögel saßen.

Da gab es Teiche, voll von Fischen,
auch schöne goldene dazwischen.

Die Kinder rannten
um die Ecken
und spielten Haschen
und Verstecken.

Dem König selbst gefiel es dort:
er wohnte darum auch am Ort.

Es gab ein goldenes Schloss für ihn,
das glänzte, wenn die Sonne schien.

Und abends auf den Mauerzinnen,
da sangen oft die Sängerinnen.

Es standen Kühe in den Gärten,
wohin sie die Besitzer sperrten.

Auch sah man kleine
Schafe weiden;
die blökten freundlich
und bescheiden.

Und Gott sah aus von seiner Höh
und sah auf die Stadt Ninive.

Die schöne Stadt, sie macht ihm Sorgen,
die Bosheit blieb ihm nicht verborgen.

Da tranken sie.
Da aßen sie.
Die Hungernden
vergaßen sie.

Der König schickte
die Soldaten;
die plünderten
in fremden Staaten.

Und ihre schönen
bunten Kleider,
die nähten eingefangene
Schneider.

Gott sprach, nachdem er das gesehen:
„Nein, so kann es nicht weitergehen."

Und sprach: „Wenn sie sich nicht bekehrt,
wird bald die schöne Stadt zerstört."

Und Gott sah aus von seiner Höh
und sah auf die Stadt Ninive.

Dann ließ er seine Blicke wandern
langsam von einem Land zum andern,

sah Wald, sah Meer, sah das, sah dies –
sah einen Mann, der Jona hieß.

„Los, Jona", sprach der Herr, „nun geh
auf schnellstem Weg nach Ninive!"

(aus: K.P. Hertzsch: Der ganze Fisch war voll Gesang. Biblische Balladen zum Vorlesen.

Meckerzettel

?! In der Bibel steht, dass die Menschen in der Stadt Ninive böse waren.
Sie waren unfreundlich und taten Dinge, die Gott nicht gefielen.

Schreibe in die Meckerzettel, was in der Stadt Ninive nicht stimmt.
Sage den Menschen in Ninive deine Meinung.

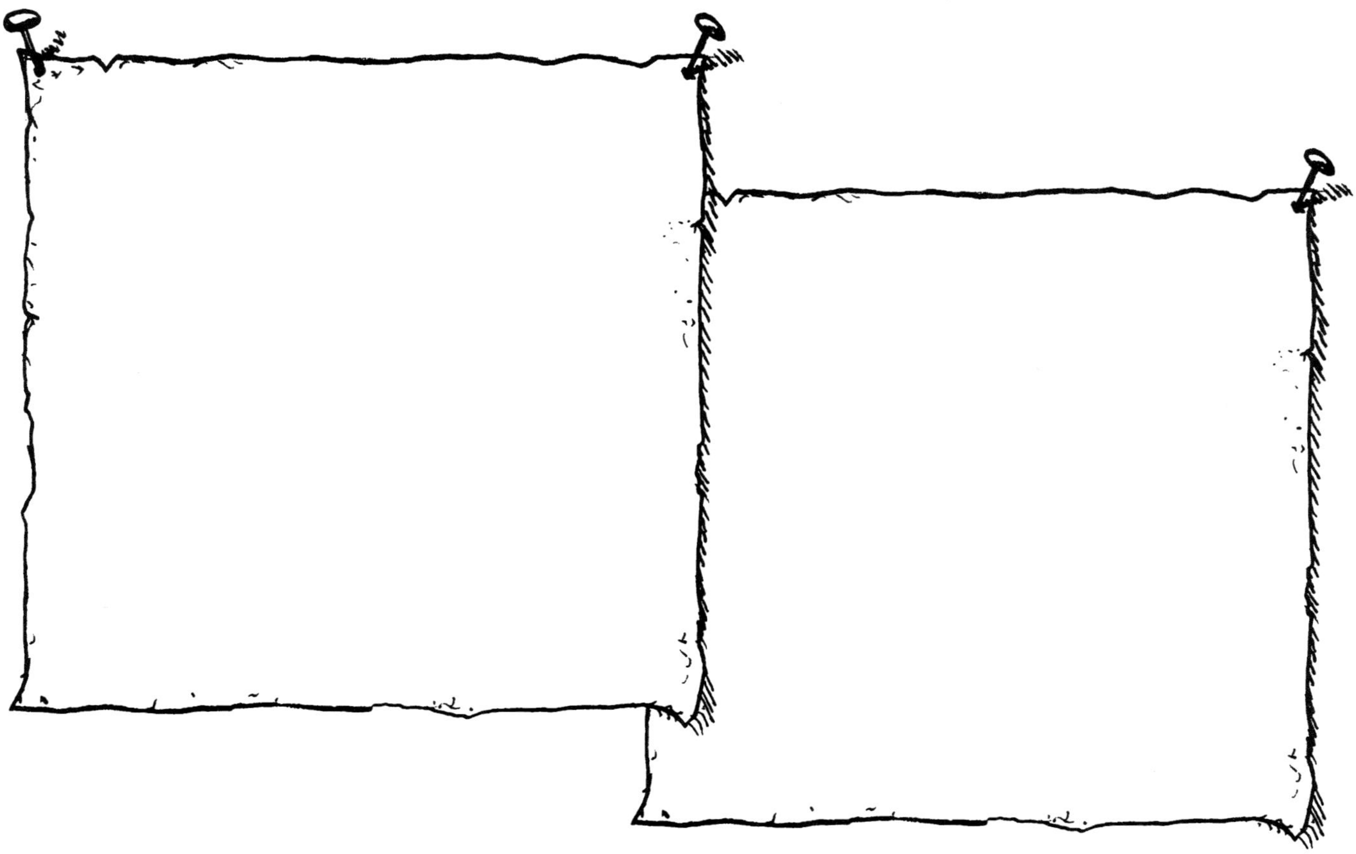

Jona bekommt einen Auftrag von Gott

M 5

Im Schlaf sprach eine Stimme zu Jona: *„Jona, steh auf und geh nach Ninive, in die Hauptstadt von Assyrien. Geh und sage den Leuten dort, dass ich ihre Stadt zerstören will, weil sie so viel Böses tun.“* Jona erwachte und blickte sich um, aber er konnte nicht erkennen, woher die Stimme kam.

Wie fühlt sich Jona, als er von Gott den Auftrag bekommt, die Menschen in Ninive zu warnen?

Versuche, die Gefühle von Jona in einem Bild auszudrücken.

Schreibe dazu ein Gefühle-Elfchen.

Jona flüchtet vor dem Auftrag Gottes

M 6

Jona wollte nicht nach Ninive. Er hatte Angst, was ihm wohl in der Stadt passieren würde. Heimlich verließ er Haus und Hof und seinen Esel und floh vor Gott. Lange wanderte er, bis er zur Hafenstadt Japho kam. Dort wollte Jona auf ein Schiff gehen, weil er hoffte, dann würde Gott ihn nicht finden.

?! Jona will nicht nach Ninive. Er hat Angst.
Wovor hat Jona Angst? Überlege!

Male Jonas Angst und beschreibe sie.

Jonas Angst

?! Vielleicht hattest du auch schon einmal Angst.

Wenn du möchtest, male davon und schreibe dazu.

Meine Angst

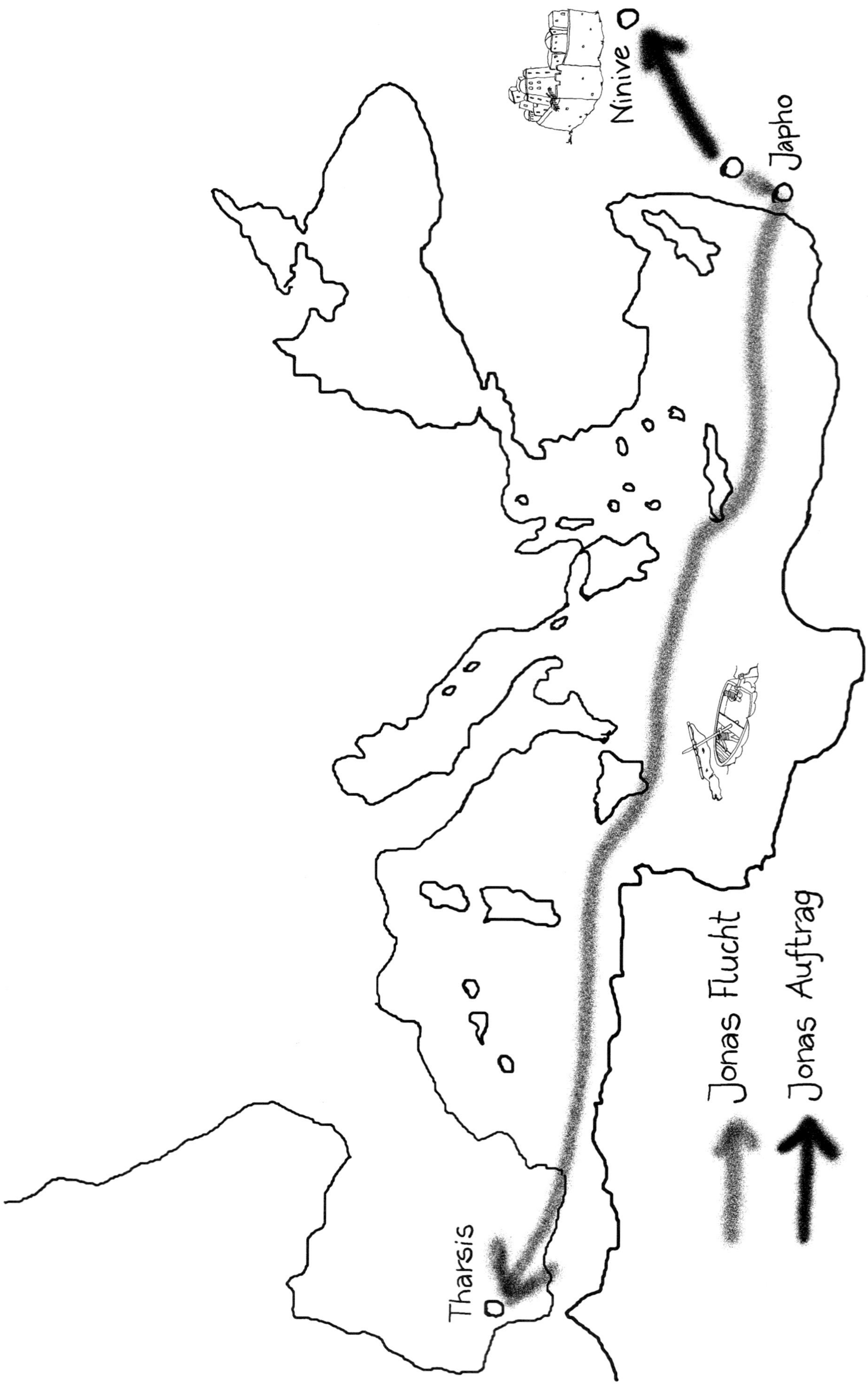
Ninive
Japho
Tharsis
Jonas Flucht
Jonas Auftrag

Jona wird von den Matrosen ins Meer geworfen

M 8

Das Schiff, das Jona aufnahm, sollte nach Tharsis fahren. Der Himmel war blau und das Wasser ruhig. Jona fühlte sich auf dem Schiff ganz sicher. Er wurde müde und schlief ein.
Plötzlich erhob sich ein starker Wind. Das Schiff wurde hin- und hergeworfen. Im Sturm trieb es von der Küste weg hinaus in die tobende See. Der Kapitän und die Matrosen beteten um Rettung. Aber der Sturm wurde nur stärker. Jona wachte auf und erkannte, was geschah. Als der Kapitän des Schiffes fragte: „Woher kommt dieser Sturm? Ist jemand auf dem Schiff an diesem Sturm schuld?“, da antwortete Jona: „Ich bin schuldig. Ich wollte mich vor Gott verstecken. Werft mich ins Meer, dann wird die See wieder ruhig sein.“ Da warfen die Matrosen Jona in die wilde See. Und das Meer beruhigte sich.

?! Wie fühlt sich Jona auf großer See? Was denkt er über seinen Plan, dem Ruf Gottes nicht zu folgen? Wie geht es ihm, als der Sturm kommt und die Situation immer auswegloser wird?

Male den Sturm und die Gefahr. Male, wie Jona ins Meer geworfen wird. Male eine Sprechblase und schreibe hinein, was er wohl gedacht hat, als er unterging ...

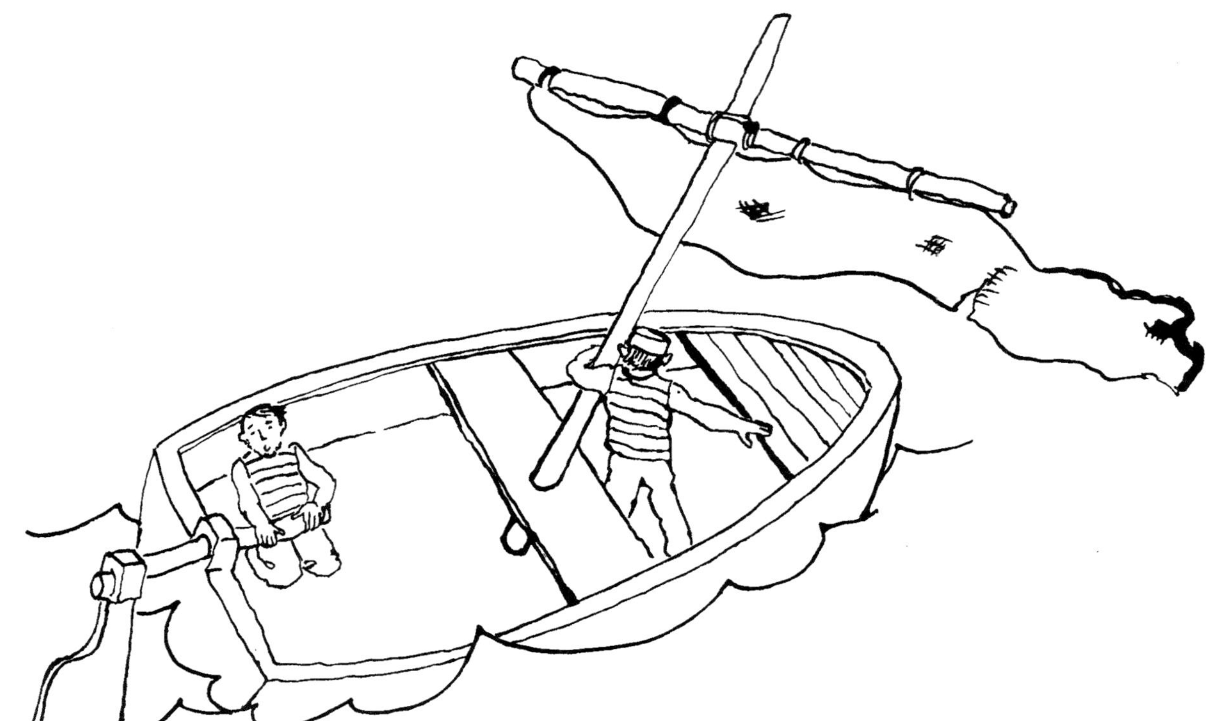

Jona sitzt im Bauch des Fisches und spricht mit Gott

M 9

Jona sank immer tiefer und tiefer – bis auf den Meeresgrund. Die Wellen drohten ihn zu vernichten. Doch da schickte Gott im letzten Moment einen großen Walfisch: Dieser sollte Jona verschlingen. So geschah es. Der Walfisch riss sein Maul auf und verschlang Jona. Jona war nun im Bauch des Walfisches. Er saß da nun schon drei Tage und drei Nächte lang. Schließlich erinnerte sich Jona an Gott und dachte: „Ich erzähle Gott, wie es mir geht, wie ich mich hier fühle in diesem dunklen Bauch und was ich mir wünsche."
Und Jona sprach mit Gott ... Er betete ...

?! Wie fühlt sich Jona im Bauch des Fisches?
Was wünscht er sich in dieser Situation?

Schreibe ein Gebet, das Jona im Bauch des Fisches betet.
Male Jona im Bauch des Fisches, sodass das Bild zu deinem Text passt.

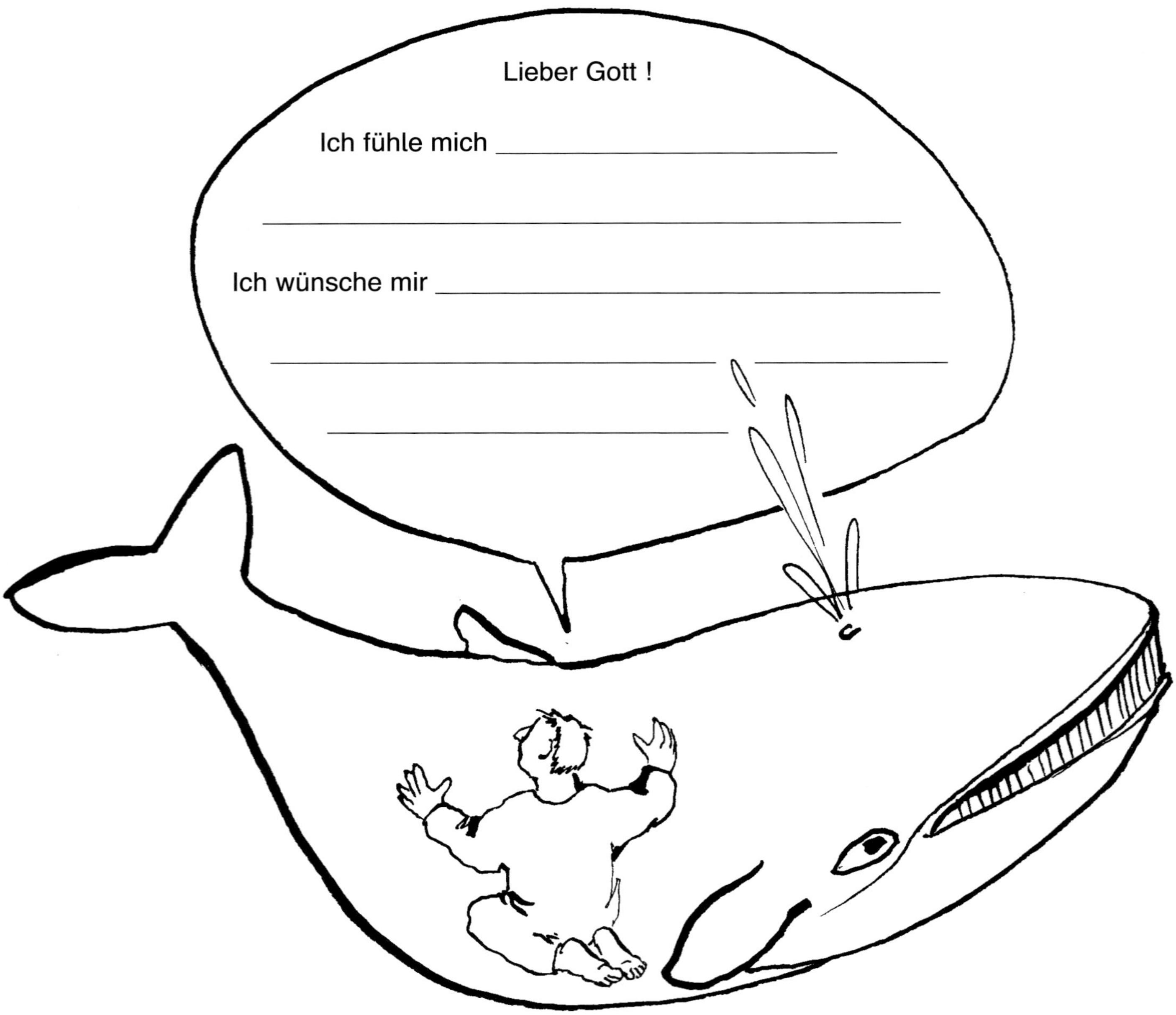

Impulskarten: So könnte Jona sich fühlen **M 10**

allein	traurig
ängstlich	in Not
bedrückt	hilflos

Impulskarten: Wortmaterial für das Verfassen des Gebetes **M 11**

Angst	höre mein Rufen
dunkel	bitte
allein	lass mich nicht allein
einsam	bleibe bei mir
fürchten	helfen
sterben	Vertrauen
Not	befreien
traurig	beschützen
finster	hoffen

Jona predigt in Ninive

M 12

Gott hörte genau zu, was Jona ihm sagte. Und Gott sprach zu dem Fisch: „Spucke den Jona wieder an Land!“ Da öffnete der Walfisch sein Maul und schleuderte Jona hinaus.
Jona landete am Ufer, ganz in der Nähe, wo er abgereist war.
Dort hörte er zum zweiten Mal die Stimme Gottes:
„Jona, mach dich auf deinen Weg nach Ninive!“
Dieses Mal gehorchte Jona.
Er ging zum Stadttor von Ninive und predigte zu den Niniviten.

?! Jona ist mutig und geht nach Ninive, so wie Gott es ihm gesagt hat.
Was sagt Jona jetzt zu den Niniviten?

Schreibe Jonas Worte auf.
Male, wie Jona in der Stadt Ninive predigt.

Jona unter dem Rizinusstrauch

Dann rannte er schnell weg und stieg auf einen Hügel. Er hatte große Angst, dass die Bewohner von Ninive ihn verfolgen würden. Aber die Leute in Ninive, die Jona gehört hatten, bekamen selbst Angst. Sie bereuten ihre bösen Taten und beteten Tag für Tag zu Gott um Vergebung.
Vom Gipfel des Hügels aus sah Jona hinüber zu der Stadt Ninive. In der brennenden Sonne wartete er geduldig, dass sie zerstört werden sollte. Aber nichts geschah. Die Stadt blieb heil. Gott hatte den Leuten in Ninive vergeben.
Jona war verwirrt. Gott bricht doch sein Versprechen nicht! Das konnte er nicht fassen! Während er so dachte, wuchsen hinter ihm einige Büsche, die ihm Schatten spendeten. Am Abend aber kamen die Würmer und fraßen alle Blätter von den Büschen. Als die Sonne aufging, stand Jona wieder in der sengenden Hitze. Da wurde er traurig und zornig. Da hörte Jona zum dritten Mal Gottes Stimme: *„Warum bist du zornig, Jona? Dir tun die Büsche leid und du hast sie doch nicht selbst gepflanzt, und mir sollen die Leute in der großen Stadt Ninive nicht leidtun, die ich geschaffen habe? Sie haben mich um Vergebung gebeten und ich habe ihnen vergeben!"* Da erkannte Jona Gottes Güte und Barmherzigkeit und war nicht länger zornig.

?! Was denkt Jona, als er am Morgen aufwacht und unter dem zerfressenen Strauch sitzt? Schreibe Jonas Gedanken auf.

?! Überlege und schreibe auf: Was sind Gottes Gedanken? Was will Gott Jona sagen?

Jona! ____________________

____

____

____

Gott! ____________________

____

____

____

Jona erkennt: Gott ist barmherzig zu allen Menschen **M 14**

Da feierte Jona mit allen Niniviten ein großes Fest. Er kehrte zurück zu Haus und Hof und zu seinem Esel. Noch heute erinnert er sich an seine vergebliche Flucht vor Gott und seinen Zorn auf die Leute in Ninive und daran, wie er einsehen musste, dass Gottes Güte und Barmherzigkeit größer sind als sein Zorn.

Meine Gedanken zur Jona-Geschichte in Gedichtform

Das Akrostichon ist eine griechische Gedichtform, bei dem die Anfangsbuchstaben der Verse ein Wort oder einen Satz ergeben.
Die Buchstaben sollen gleichzeitig Anfangsbuchstaben für Beobachtungen, Gedanken oder Gefühle sein, die dir einfallen, wenn du an die Jona-Geschichte denkst. Es können Wörter, Satzteile oder Sätze sein.
Schreib nun diese Wörter, Satzteile oder kurzen Sätze in die jeweilige Zeile.

G ____________________

O ____________________

T ____________________

T ____________________

B ____________________

E ____________________

G ____________________

L ____________________

E ____________________

I ____________________

T ____________________

E ____________________

T ____________________

J ____________________

O ____________________

N ____________________

A ____________________

auf seinem Lebensweg.

Mein Jona-Buch

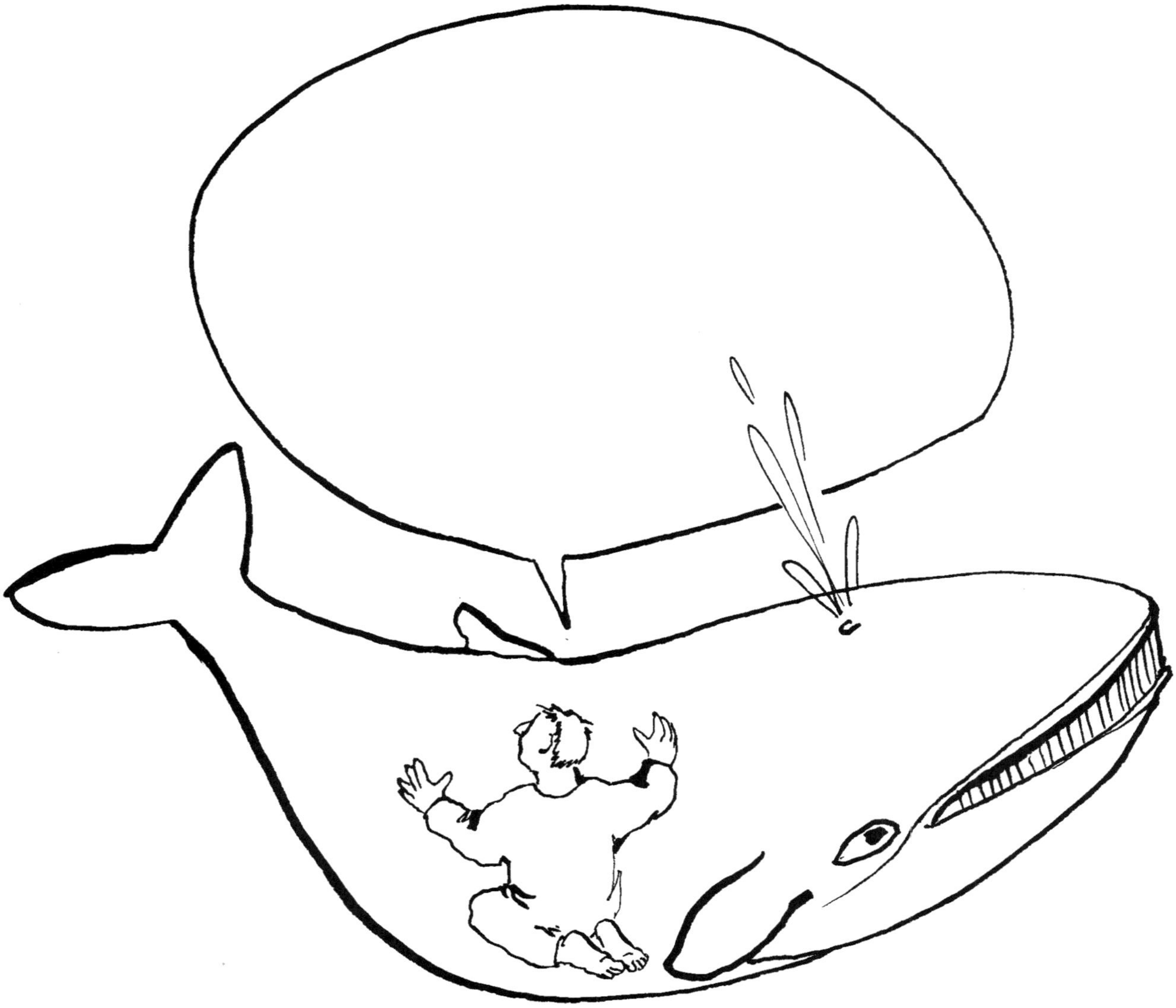

Gott begleitet Jona auf seinem Lebensweg

Name: ______________________________

Jona will nicht nach Ninive

M 16

Text und Melodie: W. Radeke

1. Jona will nicht nach Ninive ... Jona fährt lieber übern See ...
2. Er steigt ins Schiff, der arme Wurm ... Da gibt es einen großen Sturm ...
3. Vor Angst ein jeder Matrose flennt ... Nur Jona nicht, er liegt da und pennt. ...
4. Der Käpt'n weckt ihn auf und schreit: ... „Ruf schnell zu Gott, ist höchste Zeit!" ...
5. Sie losen aus, wer schuldig ist ... Den Jona trifft's, na so ein Mist! ...
6. Er sagt: „Ich will nicht nach Ninive" ... Drum braust und tobt die wilde See! ...
7. Er sagt: „Werft mich doch ins wilde Meer" ... „Und meine Klamotten gleich hinterher!"
8. Das Meer verschlingt den armen Wurm ... Sofort hört auf der schreckliche Sturm. ...
9. Und wie er denkt: „Jetzt gehst du drauf!" ... Frisst ihn ein großer Walfisch auf! ...
10. Da sitzt er nun im dunklen Bauch ... Und schämt sich sehr und betet auch. ...
11. Da rülpst der Walfisch ganz galant ... Und spuckt den Jona aufs trockne Land. ...
12. Sie bessern sich, er findet's nicht gut ... Die Stadt bleibt heil, er kocht vor Wut. ...
13. Er sagt: „Die Feinde sind verschont!" ... „Die ganze Reise hat sich nicht gelohnt." ...
14. Im Schatten sitzt er, das tut ihm gut ... Der Baum verdorrt, er kocht vor Wut. ...
15. Gott sagt: „Der eine Baum macht die Qual" ... „Doch tausend Menschen sind dir egal!"
16. Jona hört auf Gottes Wort ... Und sein ganzer Zorn ist fort!

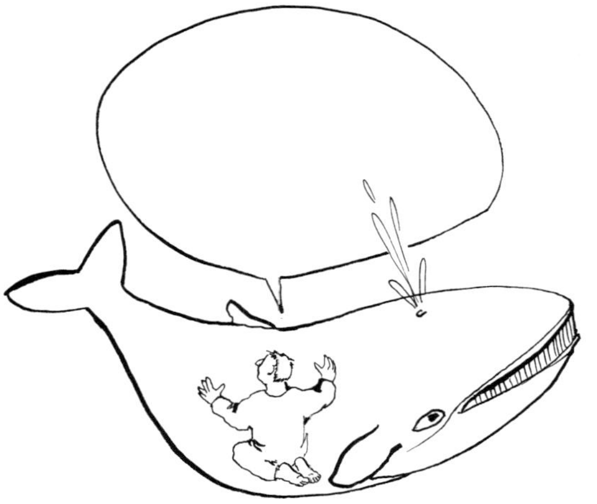

Edelgard Moers

Was ist mein wichtigster Gedanke? – Die Geschichte „Der Gedankensammler" von Monika Feth als Ausgangspunkt für eigene zentrale Gedanken (3. bis 6. Schuljahr)

Lernchancen

Die Kinder haben Lernchancen auf unterschiedlichen Ebenen. Sie sollen …

- die Geschichte des Gedankensammlers kennenlernen sowie eigene Gedanken aufschreiben und sich damit näher auseinandersetzen.
- ihren eigenen Gedanken eine Gestalt geben und sich mit anderen darüber austauschen.
- erkennen, dass Gedanken „eingepflanzt" und verbreitet werden können.
- Gedanken nach bestimmten Kategorien ordnen und sensibel werden für religiöse bzw. christliche Gedanken.
- das Gleichnis vom Sämann lesen und mit der Geschichte des Gedankensammlers vergleichen.
- lernen, die eigenen Gedanken und die Gedanken anderer weiterzuentwickeln, Fragen daraus abzuleiten, ein Bild zu entfalten und ein eigenes Gedicht dazu zu verfassen.

Der Inhalt des Buches: Der Gedankensammler[1]

Herr Grantig ist ein Gedankensammler. Jeden Morgen beginnt er um die gleiche Zeit mit seiner Arbeit und zieht durch die Straßen. Bedächtig sammelt er die unterschiedlichsten Gedanken ein und steckt sie in seinen Rucksack. Herr Grantig kann sie sehen und hören. Jeder Gedanke ist ihm wichtig. Keiner entgeht ihm. Wenn er alle aufgelesen hat, macht er sich auf den Heimweg. Zu Hause sortiert er sie zuerst alphabetisch ein und lässt sie ein wenig ruhen. Anschließend pflanzt er sie in seinem Garten ein. Am nächsten Morgen entstehen Gedankenblumen, die sich nach einer Stunde in kleine Teilchen auflösen und in den Himmel aufsteigen. Von dort sinken sie wieder auf die Erde nieder, setzen sich auf die Stirnen der Menschen und werden so zu neuen Gedanken.

Zur Sache: Das Gleichnis vom Sämann

Jesus erzählt in Gleichnissen seine Entdeckung vom nahen Gottesreich. Gleichnisse sind rhetorische Mittel und beinhalten Botschaften. Sie erleichtern durch die bildhafte und beispielhafte Sprache das Verstehen. Das Gleichnis vom Sämann beschreibt einen Vorgang aus dem Alltagsleben bzw. aus der Natur.[2] Der Sämann streut den Samen aus. Ein Teil fällt auf den Weg und wird zertreten. Ein Teil fällt auf den Fels und vertrocknet. Ein Teil fällt in die Dornen und erstickt. Ein Teil fällt auf fruchtbaren Boden und trägt hundertfache Frucht (Lk 8,5-10). Der Samen steht symbolisch für Gottes Wort, das auf die Menschen fällt, indem sie zuhören. Die Menschen auf dem Weg verstehen Gottes Wort. Doch sie lassen sich von anderen überreden und sich die Botschaft aus ihrem Herzen nehmen. Die Menschen auf dem Fels hören Gottes Wort. Doch sie haben keine Wurzeln und ihr Glaube ist schwach. Die Menschen in den Dornen hören Gottes Wort. Doch es erstickt unter den Sorgen, dem Reichtum und den Freuden des Lebens. Die Menschen auf dem guten Land hören Gottes Wort, bewegen es in ihrem Herzen und erzählen vielen anderen davon (Lk 8,11-15).

Vorüberlegungen

Ausgehend von verschiedenen eigenen Gedanken und vielen Fragestellungen beschäftigen sich die Kinder mit der Geschichte des Gedankensammlers von Monika Feth. In der Geschichte erhalten die Gedanken eine Gestalt. Dadurch werden sie für die Kinder konkret und nachvollziehbar.

Zum Verlauf

1. Sequenz

Material:

- Gefühle-Karte (**M 1**) oder Stimmungsbarometer (**M 2**)
- Lied: „Die Gedanken sind frei" (**M 3**)
- Gedankenblase (**M 4**)

Die Kinder versammeln sich im Sitzkreis und begrüßen sich. Sie erhalten zu Beginn eine

Übersicht über das Thema der Unterrichtsreihe und den Verlauf der Stunde. Nun haben sie mithilfe der Gefühle-Karte (**M 1**) oder des Stimmungsbarometers (**M 2**) die Möglichkeit, in den Unterricht einzusteigen.
Als Einstieg in die Thematik singen die Kinder drei Strophen des Liedes „Die Gedanken sind frei" (**M 3**). Anschließend haben sie die Möglichkeit, sich spontan zum Inhalt des Liedes zu äußern.

Nun hat jedes Kind für sich allein eine Minute Zeit, über Gedanken, die es z. B. morgens nach dem Aufstehen oder abends vor dem Schlafengehen hat, nachzudenken.
Dann teilt sich die Lerngruppe gleichmäßig in einen Innenkreis und einen Außenkreis auf. Der Innenkreis schaut nach außen und der Außenkreis schaut nach innen, sodass jedes Kind einem Partner gegenüber steht. Nun erzählen alle Kinder, die im Außenkreis stehen, ihrem Partner im Innenkreis eine Minute lang, worüber sie sich Gedanken machen. Nun wiederholt der Innenkreis den Gedanken des Außenkreises und macht damit deutlich, dass er gut zugehört und alles verstanden hat. Der Außenkreis bestätigt kurz, ob alles richtig ist.
Jetzt gehen die Kinder im Außenkreis einen Schritt nach rechts, sodass sie einen neuen Partner vor sich haben. Danach erzählt der Innenkreis dem Außenkreis eine Minute lang, worüber er sich Gedanken macht. Danach wiederholt der Außenkreis das Gehörte und der Innenkreis bestätigt es.
Diese Methode nennt man „Gesprächsmühle" (s. auch Band 1, S. 18).
Alternativ können die Kinder auch nach der Methode „Think – Pair – Square"(s. Band 1, S. 18) oder „Murmelphase" (s. Band 1, S. 18) ihre Gedanken austauschen.

Die Kinder erhalten eine Gedankenblase (**M 4**) und gehen an ihren Platz. In diese Denkblase malen sie ihren Gedanken hinein: Sie malen eine Figur mit Armen, Beinen und Kopf, deren Körperhaltung und Gesichtsausdruck zum Gedanken passt, d. h. , wenn der Gedanke fröhlich ist, dann soll die Figur auch fröhlich aussehen oder wenn der Gedanke traurig ist, dann soll dies auch der Gestalt anzusehen sein. Damit geben sie ihrem Gedanken eine Gestalt.

Kinderbeispiel

Nach der Gestaltungsarbeit kommen die Kinder im Kreis zusammen und präsentieren ihre Gedankenfiguren. Die fertigen Bilder werden zunächst ausgestellt und später in einem Buch gesammelt. Zum Schluss reflektieren sie ihre gemeinsame Arbeit.

Als Zusatzaufgabe oder Differenzierungsangebot können die Kinder die einzelnen Strophen des Liedes „Die Gedanken sind frei" durch Texte und Bilder zu einem Buch zusammenstellen.

2. Sequenz

Material:
- Bilderbuch „Der Gedankensammler"[1]
- Blütenmitte (**M 5a**)
- Lied: „Gedanken sammelt er (**M 6**)

Die Kinder finden sich im Sitzkreis zusammen und stimmen sich auf die Stunde ein. Die Lehrperson gibt eine Übersicht über den Verlauf und kündigt an, dass sie in den nächsten Unterrichtsstunden die Geschichte „Der Gedankensammler" vorlesen möchte und dass sich die Kinder mit diesem Inhalt weiter beschäftigen können.
Nun liest sie den Text bis zu der Stelle vor, in der Herr Grantig die Gedanken alphabetisch ordnet. Sie klappt die Tafel auf, auf der verschiedene Adjektive der Geschichte als Kategorien aufgeführt sind (albern, bissig, brav ...), die für die verschiedenen Gedanken zutreffen können. Die Kinder überlegen, in welche Kategorie ihr Gedanke, über den sie gesprochen und den sie gemalt haben, gehört. Die Lehrperson fragt die Kinder nun, was religiöse und christliche Gedanken sind. Sie erklärt, dass

grundsätzlich jeder Gedanke wichtig ist, dass aber im Religionsunterricht insbesondere die Gedanken über Leben und Sterben, über Angst und Mut, über sich selbst und die Familie, über Freunde, über Gott und über die Welt als seine Schöpfung, über die Bibel und über bedeutende Personen der Kirchengeschichte bearbeitet werden. Für die anderen Gedanken bieten sich in den anderen Fächern Gelegenheiten zum Nachdenken und Besprechen. Die Kinder schreiben nun ihren wichtigsten Gedanken, der im Religionsunterricht seinen Platz haben könnte, in einen Kreis (**M 5a**). Zum Schluss lernen sie das Lied „Gedanken sammelt er" (**M 6**) und singen die ersten vier Strophen.

Als Differenzierungsangebot stellt die Lehrperson ein Kästchen auf das Pult, in dem Karten mit Stichworten zu religiösen und christlichen Gedanken gesammelt sind. Wenn einem Kind keine religiösen oder christlichen Gedanken einfallen oder wenn es unsicher ist, dann darf es dieses Kästchen mit an den Platz nehmen und die vorgegebenen Tipps verwenden.

Beispiele:
Wie Gott aussieht
Warum Kinder sterben
Wie lieb mich mein Papa hat
Wo Menschen nach dem Tod sind
Warum Menschen Krieg führen
Wie Menschen Frieden schaffen können
Wie wir miteinander umgehen
Warum Menschen die Schöpfung zerstören

Im Zentrum steht der wichtigste Gedanke

Wo Gott wohnt
Wie lieb mich meine Mama hat
Was Jesus heute tun würde
Was gerecht ist
Warum sich Menschen streiten
Wie wir uns in der Klasse verstehen
Wie die Welt entstanden ist
Wie Menschen die Schöpfung erhalten können

Die einzelnen Aspekte stehen auf den Blütenblättern

3. Sequenz

Material:
- Bilderbuch „Der Gedankensammler"
- Blütenblätter (**M 5a–c**)
- Blütenmitte aus der vergangenen Sequenz
- Lied: „Gedanken sammelt er" (**M 6**)

Die Kinder finden sich im Kreis zusammen und stimmen sich auf die Stunde ein. Sie wiederholen, was sie über den Gedankensammler wissen. Die Lehrperson gibt eine Übersicht über den Verlauf und liest die Geschichte weiter bis zu der Stelle, wo die Gedanken zu Blumen werden. Nun erhalten die Kinder Blütenblätter (**M 5a–c**):
Auf das erste Blütenblatt malen sie ein Bild von ihrem Gedanken.
Auf das zweite Blütenblatt schreiben sie ein Gedicht zu ihrem Gedanken.
Auf das dritte Blütenblatt schreiben sie eine Frage zu ihrem Gedanken.
Auf das vierte und fünfte Blütenblatt malen und schreiben sie, was ihnen noch zu ihrem Gedanken einfällt oder sie formulieren weitere Fragen, die sich aus ihrem Gedanken entwickeln.
Sie bearbeiten jedes einzelne Blütenblatt. Nach und nach kleben sie alle Blütenblätter um den Kreis herum, sodass eine Gedankenblume entsteht. Um Stabilität zu erreichen, kleben sie die

gesamte Blume auf eine feste Pappe. Anschließend präsentieren die Kinder ihre Ergebnisse. Zum Schluss singen sie die ersten sechs Strophen des Liedes „Gedanken sammelt er" (**M 6**).

4. Sequenz

Material:
- Bilderbuch „Der Gedankensammler"
- Lied: „Gedanken sammelt er" (**M 6**)

Die Kinder finden sich im Kreis zusammen und stimmen sich auf die Stunde ein. Sie wiederholen den Inhalt der Geschichte. Die Lehrperson gibt eine Übersicht über den Verlauf und liest die Geschichte zu Ende vor. Die Kinder haben nun die Möglichkeit, die verschiedenen Phasen, die die Gedanken durchlaufen, kreativ zu gestalten (einsammeln, alphabetisch einordnen, in die Erde einpflanzen, zu Blumen werden, auflösen und zu Staub zerfallen, in der Sonne tanzen, mit dem Wind weiterziehen, über den Dächern der Stadt schweben, durch die Fenster dringen und sich vorsichtig auf die Stirnen der träumenden Menschen setzen). Sie finden sich in Gruppen zusammen, formulieren zu jeder Phase einen Satz und finden jeweils dazu eine Gestaltungsmöglichkeit, entweder durch Farben, durch Klänge oder durch Bewegungen. Sie stellen ihre Ergebnisse der Reihe nach vor. Anschließend geben sie eine Rückmeldung zur Geschichte und zu den Methoden der Auseinandersetzung (s. Reflexionskarten, Band 1, S. 30). Zum Abschluss singen sie alle Strophen des Liedes „Gedanken sammelt er" (**M 6**).

5. Sequenz

Material:
- Lied: „Gedanken sammelt er" (**M 6**)
- Gleichnis vom Sämann (**M 7**)
- Vergleich (**M 8**)
- Lied: „Die Gedanken sind frei" (**M 3**)

Die Kinder finden sich im Kreis zusammen und stimmen sich auf die Stunde ein. Sie erinnern sich an die Geschichte vom Gedankensammler und an ihre Gestaltungsformen und singen das Lied „Gedanken sammelt er" (**M 6**) mit allen Strophen. Die Lehrperson gibt eine Übersicht über den Verlauf und die weitere Arbeit. Sie erklärt den Kindern den Begriff „Gleichnis" (s. „Zur Sache") und liest das Gleichnis vom Sämann vor (**M 7**). Die Kinder äußern sich spontan und wiederholen den Inhalt. Nun erhalten sie das Arbeitsblatt „Vergleich" (**M 8**) und ziehen einen Vergleich zu der Geschichte vom Gedankensammler. Anschließend präsentieren die Gruppen ihre Ergebnisse. Zum Schluss singen sie das Lied „Die Gedanken sind frei" (**M 3**).

6. Sequenz

Material:
- Lied: „Die Gedanken sind frei" (**M 3**)

Die Kinder finden sich im Kreis zusammen und stimmen sich auf die Stunde ein. Die Lehrperson gibt eine Übersicht über den Verlauf. Sie hebt hervor, dass alle Gedanken der Kinder auf fruchtbaren Boden fallen sollen. Das setzt aber voraus, dass sich alle für die Gedanken der einzelnen Kinder interessieren und sich auch weitere Gedanken machen wollen. Alle Kinder sehen sich die Gedankenblumen noch einmal an und planen gemeinsam, an welchen Fragestellungen sie in Zukunft arbeiten möchten. Jedes Kind kann sich mit seinem wichtigsten Gedanken auch noch einmal in einem eigenen Gedankenbuch beschäftigen. Darüber hinaus können einige Kinder einen Vortrag zu ihrem wichtigsten Gedanken halten. Zum Schluss reflektieren sie ihre gesamte Arbeit und singen das Lied „Die Gedanken sind frei" (**M 3**).

---

1 Feth, Boratyński (2001[4]).
2 vgl. Baudler (1988[2]).

Gefühlekarte (Vorder- und Rückseite) **M 1**

Mir geht es gut, weil …

Mir geht es nicht gut, weil …

Stimmungsbarometer **M 2**

Bei mir scheint heute die Sonne, weil …

Bei mir gibt es heute dunkle Wolken, weil …

Ich habe heute Gewitterstimmung, weil …

Bei mir ist heute Nebel, weil …

Bei mir ist der Himmel etwas bewölkt, aber die Sonne kommt immer mal wieder heraus, weil …

Bei mir stürmt es heute, weil …

Die Gedanken sind frei

M 3

Melodie und Text: Anfang des 19. Jahrhunderts

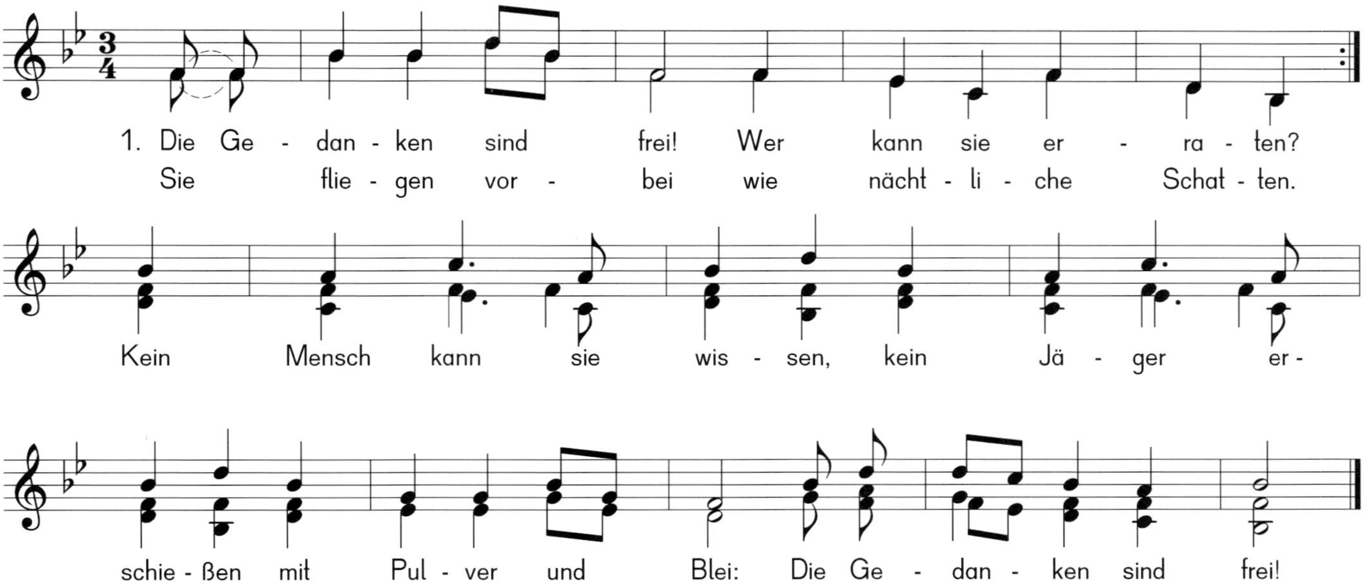

2. Ich denke, was ich will und was mich beglücket,
doch alles in der Still und wie es sich schicket.
Mein Wunsch und Begehren kann niemand verwehren,
es bleibt dabei: Die Gedanken sind frei!

3. Und sperrt man mich ein im finsteren Kerker,
das alles sind rein vergebliche Werke;
denn meine Gedanken zerreißen die Schranken und
Mauern entzwei: Die Gedanken sind frei!

Blütenmitte und Blütenblatt

M 5a

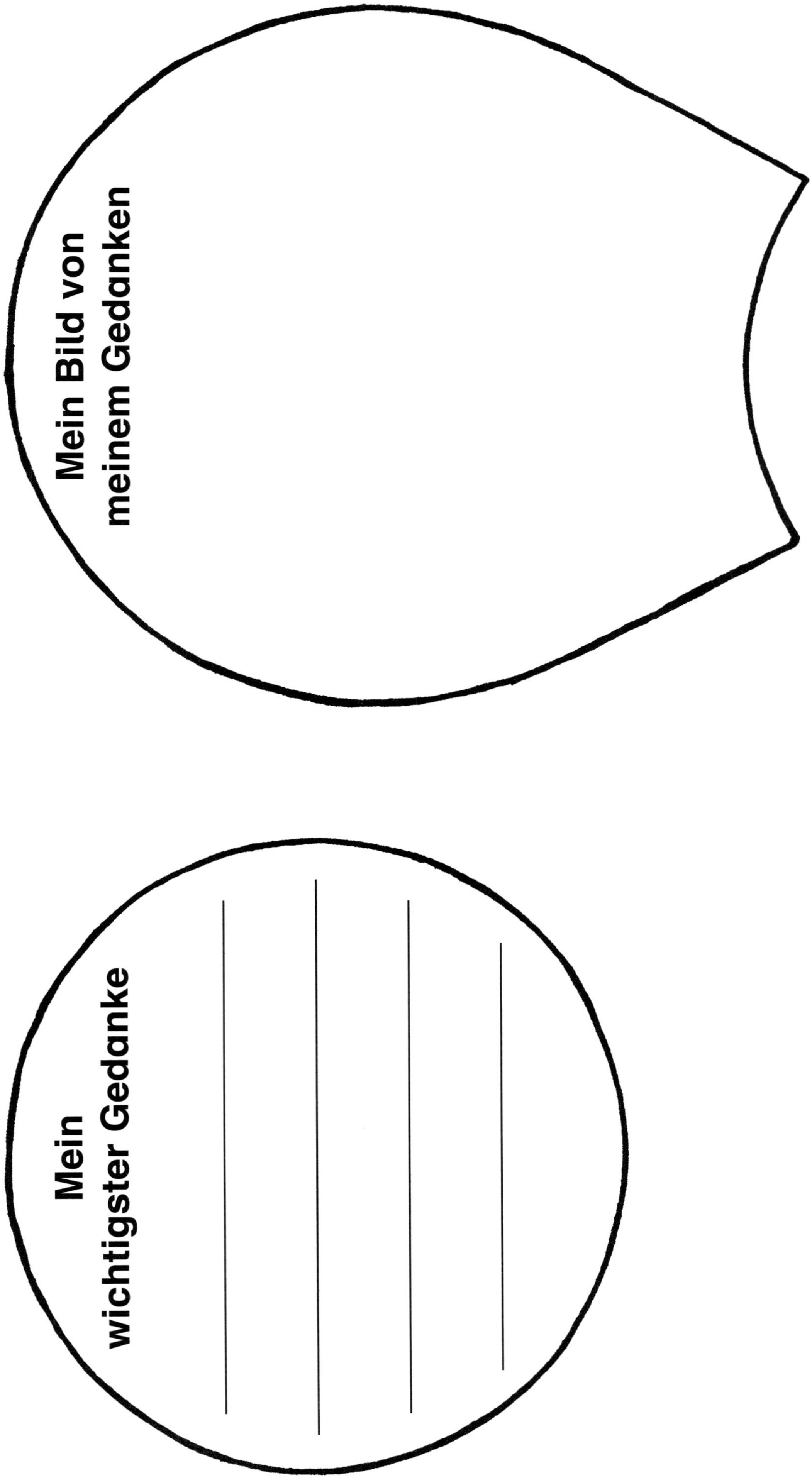

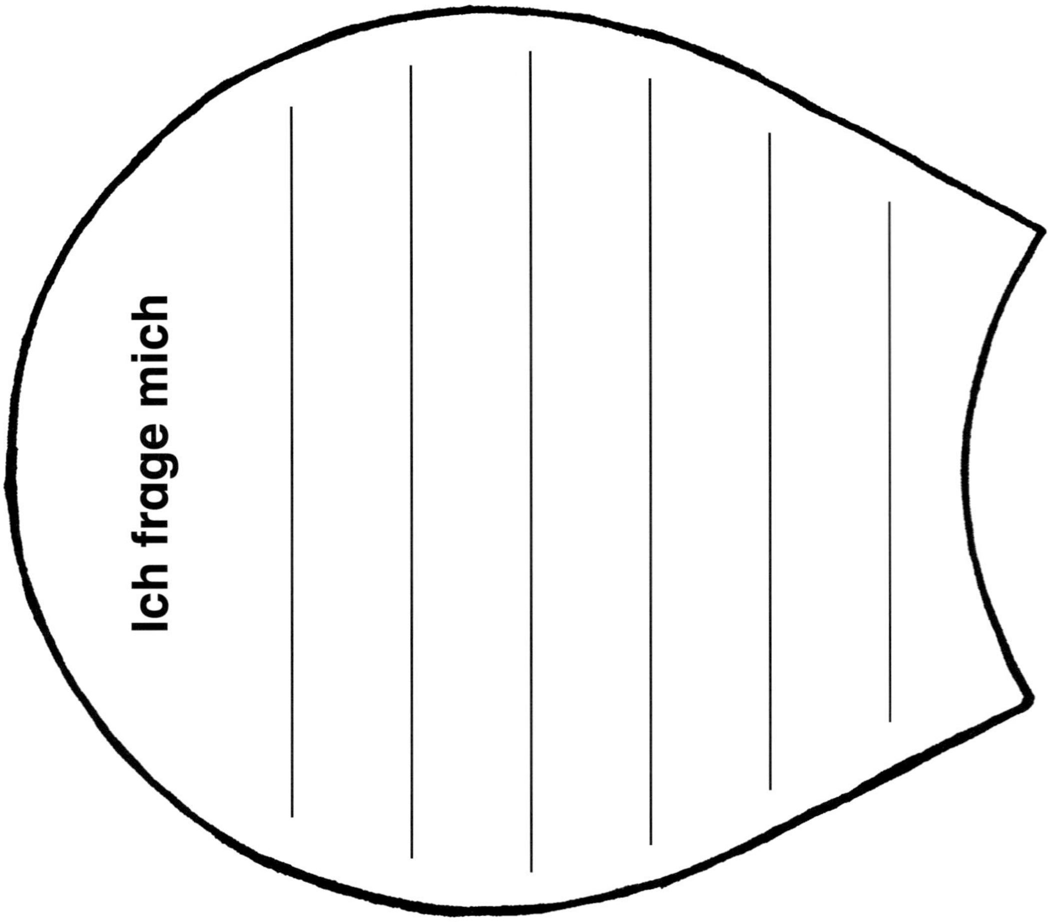
Ich frage mich

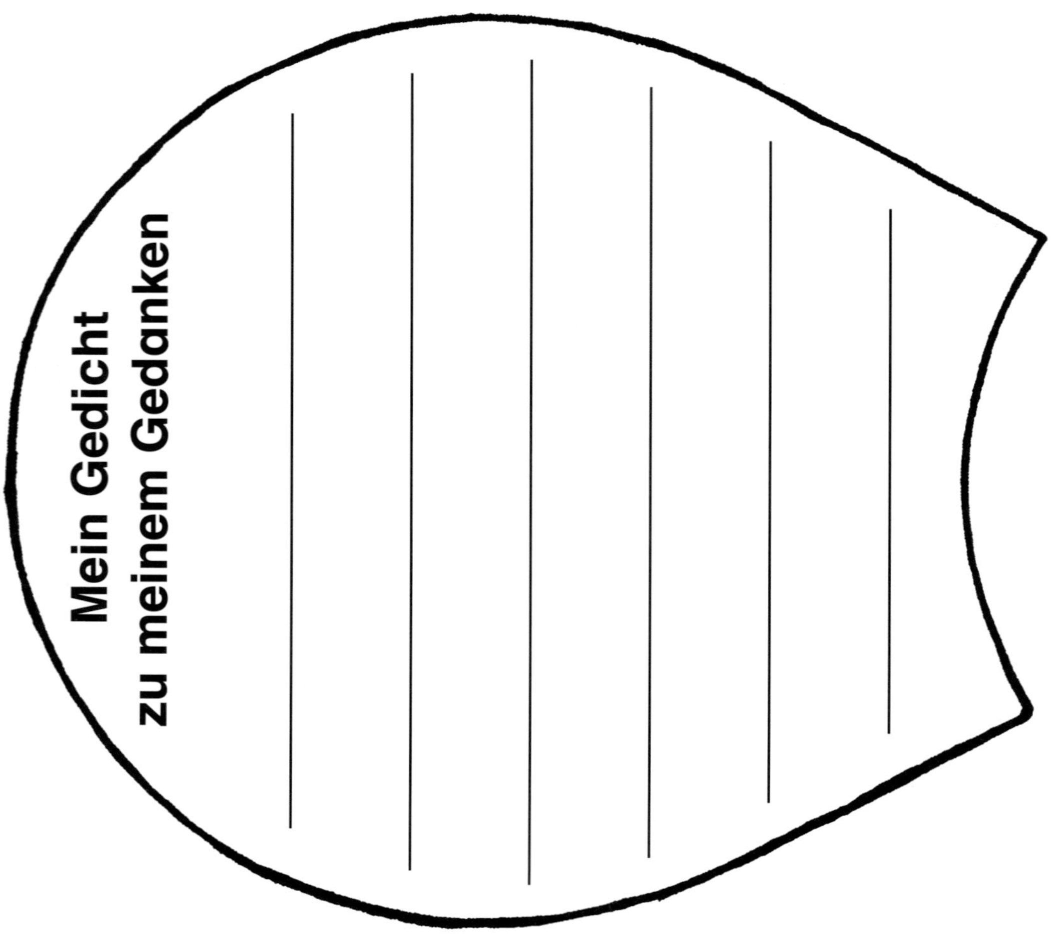
Mein Gedicht
zu meinem Gedanken

Blütenblätter

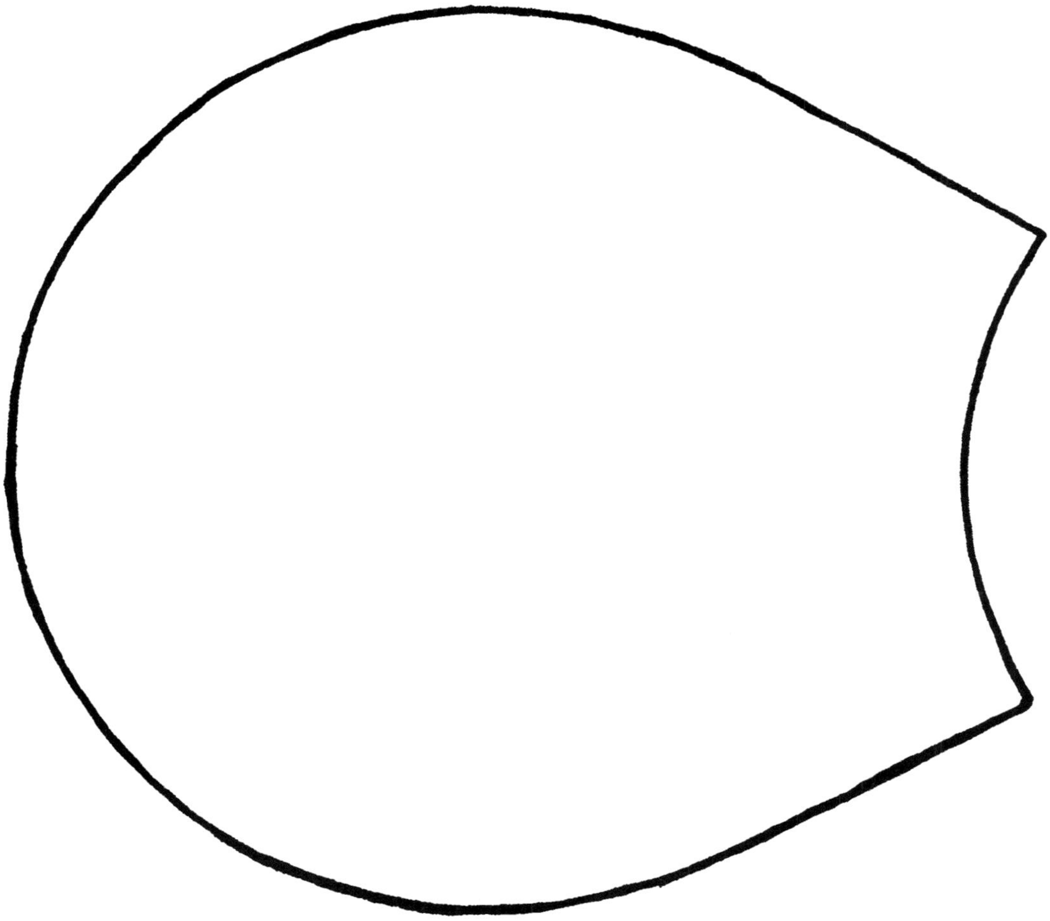

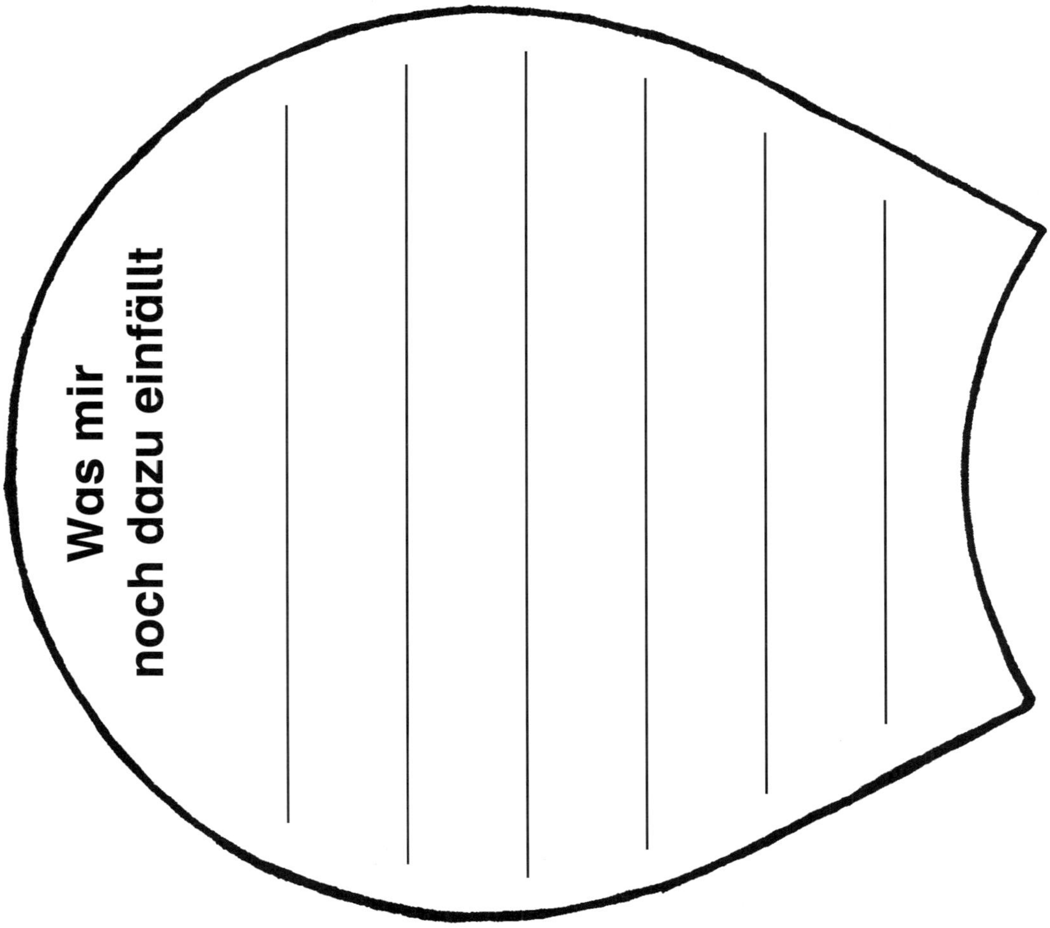

Gedanken sammelt er

M 6

Text: Edelgard Moers, Musik: Martin Buntrock

2. Manchmal bleibt er lange stehn,
will noch gar nicht weitergehn.
Schaut ganz interessiert herum,
bleibt dabei nicht immer stumm.

3. Wenn sie hinter Mauern sind,
pfeift er kurz und wie der Wind,
klettern sie ob spät ob früh
in den Rucksack ohne Müh.

4. Abends nimmt er sie heraus,
breitet sie auf Tüchern aus,
räumt sie in Regale ein,
alphabetisch – ganz allein.

5. Später bringt er sie hinaus,
in den Garten hinters Haus,
gräbt sie in die Erde ein,
gießt und harkt im Mondenschein.

6. In der kühlen Morgenluft
da genießt er ihren Duft
nun als Blumen hell und bunt.
Staunend öffnet er den Mund.

7. Wenn sie voll in Blüte stehn,
tanzen und in Staub vergehn,
leuchten hell im Sonnenlicht,
strahlt sein faltiges Gesicht.

8. Er schaut ihnen hinterher.
Bald schon sieht er sie nicht mehr.
Und der Wind treibt sie nun fort
weiter bis zum nächsten Ort.

9. Kurz darauf da sieht man ihn,
pünktlich durch die Straßen ziehn,
dann und wann hebt er sie auf.
Das ist seines Lebens Lauf.

Der Sämann

Es ging ein Sämann aus, um seinen Samen auszusäen. Etwas von dem Samen fiel auf den Weg und wurde zertreten, und die Vögel unter dem Himmel fraßen ihn auf. Etwas von dem Samen fiel auf den Fels. Als er aufging, verdorrte er, weil er keine Feuchtigkeit hatte. Etwas von dem Samen fiel mitten unter die Dornen. Die Dornen gingen mit auf und erstickten ihn. Etwas fiel auf gutes Land. Es ging auf und trug hundertfach Frucht. (Lk 8,5-8)

?! Lies das Gleichnis vom Sämann leise. Stelle dir den Handlungsablauf vor. Male ihn. Vergleiche das Gleichnis mit dem Bibeltext von Martin Luther.

Bibeltext (von Martin Luther)

Vom Sämann

[4]Als nun eine große Menge beieinander war und sie aus den Städten zu Jesus eilten, redete er
in einem Gleichnis:
[5]Es ging ein Sämann aus, zu säen seinen Samen. Und indem er säte, fiel einiges auf den Weg
und wurde zertreten, und die Vögel unter dem Himmel fraßen es auf. [6]Und einiges fiel auf den
Fels; und als es aufging, verdorrte es, weil es keine Feuchtigkeit hatte. [7]Und einiges fiel mitten
unter die Dornen; und die Dornen gingen mit auf und erstickten es. [8]Und einiges fiel auf gutes
Land; und es ging auf und trug hundertfach Frucht. Als er das sagte, rief er: Wer Ohren hat zu
hören, der höre!

(Lk 8,4-8)

Vom Sinn der Gleichnisse

[9]Es fragten ihn aber seine Jünger, was dies Gleichnis bedeute. [10]Er aber sprach: Euch ist es
gegeben, die Geheimnisse des Reiches Gottes zu verstehen, den andern aber in Gleichnissen,
damit sie es nicht sehen, auch wenn sie es sehen, und nicht verstehen, auch wenn sie es hören.

(Lk 8,9-10)

Die Deutung des Gleichnisses vom Sämann

[11]Das Gleichnis aber bedeutet dies: Der Same ist das Wort Gottes. [12]Die aber auf dem Weg,
das sind die, die es hören; danach kommt der Teufel und nimmt das Wort aus ihrem Herzen,
damit sie nicht glauben und selig werden. [13]Die aber auf dem Fels sind die: wenn sie es
hören, nehmen sie das Wort mit Freuden an. Doch sie haben keine Wurzel; eine Zeitlang
glauben sie, und zu der Zeit der Anfechtung fallen sie ab. [14]Was aber unter die Dornen fiel,
sind die, die es hören und gehen hin und ersticken unter den Sorgen, dem Reichtum und den
Freuden des Lebens und bringen keine Frucht. [15]Das aber auf dem guten Land sind die, die
das Wort hören und behalten in einem feinen, guten Herzen und bringen Frucht in Geduld.

(Lk 8,11-15)

Suche dir einen Partner und sprecht über die Bedeutung des Gleichnisses. Schreibe nun auf, was das Gleichnis für dich bedeutet.

____

____

____

Vergleich: Das Gleichnis vom Sämann und die Geschichte vom Gedankensammler

Findet euch zu viert zusammen. Bestimmt einen Sprecher, einen Schreiber, einen Zeitwächter und einen Ruhekönig. Der Sprecher stellt anschließend das Ergebnis in der Großgruppe vor. Für eure Arbeit habt ihr 20 Minuten Zeit.

1. Lest noch einmal das Gleichnis vom Sämann. Markiert die bedeutenden Stellen. Der Sprecher liest die Fragen vor. Sprecht gemeinsam über die Fragen und findet Antworten. Der Schreiber schreibt die Antworten auf.

2. Was wurde aus dem Samen, der auf den Weg fiel?

   ____

3. Was wurde aus dem Samen, der auf den Fels fiel?

   ____

4. Was wurde aus dem Samen, der unter die Dornen fiel?

   ____

5. Was wurde aus dem Samen, der auf gutes Land fiel?

   ____

6. Wie könnte das gute Land aussehen? Beschreibe es mit deinen Worten.

   ____

7. Vergleicht das Gleichnis vom Sämann mit der Geschichte vom Gedankensammler. Was fällt euch auf?

   ____

8. Vergleicht den Sämann mit dem Gedankensammler. Was fällt euch auf?

   ____

9. Vergleicht Samen und Gedanken. Was fällt euch auf?

   ____

10. Was könnte passieren, wenn euer wichtigster Gedanke auf gutes Land fällt?

   ____

Edelgard Moers

Was ist Glück? – Das Glück als Geschenk begreifen (3. bis 6. Schuljahr)

Lernchancen

Mit dem Unterrichtsvorhaben erhalten die Kinder Lernchancen auf unterschiedlichen Ebenen:

- Sie sollen die Möglichkeit erhalten, ihren eigenen Fragestellungen zum Begriff Glück und was damit verbunden ist nachzugehen.
- Sie sollen verstehen, dass die Menschen vor mehr als dreitausend Jahren zur Zeit Abrahams schon ihre Glücksbringer hatten.
- Sie sollen gemeinsam herausfinden, welche Glücksbringer es heute gibt.
- Sie sollen erkennen, dass zum Beispiel der Teddybär, die Schmusepuppe oder ein Talisman ein wichtiger Begleiter ist.
- Sie sollen aber auch verstehen, dass die Beruhigung, die ein Talisman zum Beispiel während einer verantwortungsvollen Aufgabe hervorrufen soll, trügerisch sein kann, wenn er die Vorbereitung ersetzen soll.
- Sie sollen sich darüber Gedanken machen, dass der Talisman einerseits ein beruhigendes Gefühl geben, andererseits aber ein Mensch in eine Abhängigkeit geraten kann, wenn er sich krampfhaft daran klammert.
- Sie sollen am Beispiel einer oder mehrerer Geschichten kennenlernen, warum eine Handlungsfigur glücklich oder unglücklich sein kann.
- Sie sollen überlegen, was die Begriffe „Glück" oder „Unglück" einem Menschen bedeuten können und was einen Menschen glücklich oder unglücklich macht.
- Sie sollen herausfinden, dass jeder Mensch seine eigene Vorstellung vom Glück hat.
- Sie sollen Tipps für ein unglückliches Leben in Tipps für ein glückliches Leben umformulieren.
- Sie sollen vermuten, was Jesus unter Glück versteht und dass Glück ein Geschenk Gottes ist.
- Sie sollen die Seligpreisungen aus der Bergpredigt mit eigenen Worten in Glücklichpreisungen umformulieren.
- Sie sollen Gedichte zu ihrer eigenen Vorstellung von Glück verfassen.

Zur Sache

Was ist Glück? Was bedeutet Glück? Woher kommt das Wort? Welche anderen Wörter gibt es für diesen Begriff? Wie definiert unsere Sprache den Begriff? Wer hat Anspruch auf Glück? Wie sieht Glück aus? Wo ist es zu finden? Wie verändert Glück einen Menschen?
Die Frage nach dem Glück und was dahinter steht beschäftigt Menschen seit Jahrhunderten. Dabei kamen sie vor allem bei der Frage, wie ein geglücktes Leben aussehen kann, zu sehr unterschiedlichen Auffassungen. Unterschiedliche Ansichten gibt es vor allem bezogen auf das eigene Handeln, das als Ergebnis von Glück oder Unglück verstanden wird.
Der Begriff Glück ist mehrdeutig und meint,

- dass einem Menschen unverhofft etwas Gutes zustößt. Er <u>hat</u> Glück.
- dass er kurzfristig ein Gefühl des Wohlbefindens hat. Er <u>ist</u> glücklich.
- dass sein Leben gelungen ist. Er <u>ist</u> glücklich.

Das Wort „Glück" geht auf „Gelucke" bzw. „Gelücke" (niederdeutsch) aus dem 12. Jahrhundert zurück. Beide Formen lassen sich von „gelingen" und von „leicht" ableiten. Glück ist demnach ursprünglich also das Gelungene, das leicht Erreichte oder der günstige Ausgang eines Ereignisses. Dieses Ziel wurde nicht durch Talent oder besondere Fähigkeiten erreicht, sondern ohne Leistung bzw. ohne eigenes Zutun.

„Glück haben" bedeutet in diesem Sinne, entweder schicksalhaft oder durch ein unvorhersehbares Ereignis begünstigt zu sein. Beispiele umfassen den Gewinn beim Lotto, Roulette oder einem sonstigen Glücksspiel, auch durch Zufall einen Nachteil zu vermeiden, gehört hierzu. Das Gegenteil von Glück ist unvorhersehbar eintreffendes Unglück, Unheil oder Pech.
Eine Glückssträhne nennt der Volksmund eine Aneinanderreihung mehrerer positiver Erlebnisse. Die Glückssträhne wird, wie der Wortursprung „Glück" andeutet, dem Zufall zugeschrieben, auch wenn sie in vielen Fällen das absehbare Ergebnis harter Arbeit und nur die zeitliche Nähe Zufall ist.

Das Empfinden von Glück ist sowohl ein Gefühl als auch ein Zustand, in dem sich eine Person befindet und der sich durch ein allgemeines, oft unbewusstes Wohlbefinden auszeichnet. Entscheidend sind dabei nicht die objektiven Tatsachen, sondern das subjektive Erleben der betreffenden Person. Es ist also ein „subjektives Wohlbefinden".
„Glück empfinden" hat zwei mögliche Varianten:

- „Glück empfinden" können Menschen während einer kurzen Zeitdauer (eines Glücksmomentes, englisch: pleasure), z. B. etwas Gutes essen, mit Freunden zusammen sein, eine wichtige Sache erfolgreich abschließen.
- „Glück empfinden" kann ein dauerhaftes Gefühl sein (im Glück leben, englisch: happiness), z. B. mit dem Leben zufrieden sein, viele Glücksmomente erleben, subjektives Wohlbefinden, Zufriedenheit, angenehmes und gutes Leben sowie Lebensqualität.

Menschen haben immer schon versucht, das Glück anzulocken und das Unglück zu vermeiden, indem sie „Götter" beschworen haben, sie wohlwollend zu behandeln. In der Geschichte der Menschheit gibt es in fast allen Kulturen Glücksbringer für die verschiedenen Naturereignisse, für die Jagd, für die Ernte, für die Fruchtbarkeit, für die Liebe und für alles, was dem Menschen lebenswichtig und überlebenswichtig war. Es gab Kulturen, in denen jede Familie oder Sippe ihre eigenen Glücksbringer hatte, z. B. aus Ton gebrannte Figuren in menschlicher Gestalt, die innerhalb der Familien weitervererbt wurden und mit denen häufig auch eine ganz individuelle Familiengeschichte verbunden war.
Als Glücksbringer gelten auch ein vierblättriges Kleeblatt, ein Hufeisen, ein Glücksschwein, ein Schornsteinfeger, ein Glückspfennig, ein Marienkäfer, Sternschnuppen, Scherben und ein Talisman.

Eine wesentliche Voraussetzung für ein glückliches Leben ist das Bewusstsein für die Freiheit in einer demokratischen Gesellschaft mit den verbundenen Rechten und Pflichten. Nach dem Zweiten Weltkrieg wurden die Vereinten Nationen (UNO) gegründet. Fast alle Staaten der Welt gehören dazu. Sie wollen erreichen, dass Frieden in der Welt herrscht und sich die Völker gegenseitig und freundschaftlich helfen. Am 20. November 1959 verkündeten die Vereinten Nationen die Rechte der Kinder: Jedes Kind, das geboren wird, hat das Recht, einen Namen zu bekommen. Sein Vorname und sein Familienname werden auf dem Standesamt in ein Verzeichnis eingetragen. Es muss wissen, zu welchen Eltern es gehört und welche Staatsangehörigkeit es hat. Kinder haben das Recht auf gesunde, geistige und körperliche Entwicklung. Sie haben auch ein Recht auf Erholung und Freiheit. Vor schlechter Behandlung, vor Gewalt, vor Ausbeutung und vor sexuellem Missbrauch sind sie zu schützen. Kinder haben ein Recht auf Liebe, Verständnis und Fürsorge. Sie dürfen nicht von den Eltern getrennt werden. Wenn es Kinder bei ihren Eltern nicht gut haben, wenn sie missbraucht oder gequält werden, dann sucht ein Gericht Pflegeeltern aus, die das Kind lieb haben und dem Kind ein gutes Zuhause geben.

Alle Kinder sind gleich, ob sie türkische, griechische oder deutsche Eltern haben. Kein Kind darf aufgrund seines Geschlechts benachteiligt werden. Kinder haben ein Recht auf ausreichende Ernährung, eine Wohnung und ärztliche Hilfe.
Sie müssen besonders betreut werden, wenn sie behindert sind. Kinder haben grundsätzlich ein Recht darauf, alles zu lernen. Sie haben auch das Recht, ihre Meinung zu sagen. Es muss ihnen ermöglicht werden, eine Schule zu besuchen und sich zu informieren, damit sie sich eine eigene Meinung bilden und diese vor anderen vertreten können.

Die verschiedenen Rechte sind in 54 Artikel eingeteilt, die regeln, dass jedes Kind von der Geburt an seine Rechte hat, dass es sich seine eigene Meinung bilden kann, dass es mit seinen Eltern zusammenleben darf, dass es versorgt und beschützt werden muss, dass behinderte und kranke Kinder Hilfe bekommen, dass sich alle Kinder gut entwickeln können und dass kein Kind ausgebeutet und missbraucht werden darf.

Vorüberlegungen

Dieses Unterrichtsvorhaben sollte durchgeführt werden, wenn in den Unterrichtsstunden vorher schon mehrere Gedankengänge und Fragestellungen zu dem Begriff Glück aufgetaucht sind und gesammelt wurden.

Verlauf

1. Sequenz: Der glückliche Elefant

Material:
- Geschichte: „Der glückliche Elefant" (**M 1a, b**)
- Fragen zur Geschichte (**M 1b**)

Zu Beginn jeder Stunde begrüßen sich die Kinder nach einem festgelegten Ritual. Sie sitzen im Kreis, zünden eine Kerze an, stellen sie in die „gestaltete Mitte", in der sich auch Hinweise (Wortkarten, Symbole, Gegenstände) zum Thema befinden. Die Lehrperson gibt eine Ziel- und Verlaufstransparenz über den Unterricht und führt evtl. weitere Planungsgespräche mit den Kindern.

Ausgehend von den Fragestellungen der Kinder zum Begriff „Glück" haben diese zuerst die Möglichkeit, ihr Vorwissen zu aktivieren. Sie haben fünf Minuten Zeit, um ihre Assoziationen zu dem Begriff „Glück" oder der Fragestellung „Was weißt Du über Glück?" oder „Was ist Glück?" zu sammeln und aufzuschreiben. Anschließend tauschen sie sich entweder in einer „Gesprächsmühle" oder in einer „Murmelphase" miteinander aus. Sie können auch ihre Assoziationen in eine „Gedankensonne" schreiben, die später (in der Sequenz 9) ergänzt und für die Weiterarbeit genutzt wird. Nun erzählt die Lehrperson den Kindern die Geschichte „Der glückliche Elefant" (**M 1a, b**). Anschließend bearbeiten die Kinder in Gruppen die Fragen des Arbeitsblattes (**M 1b**). Ein Kind schreibt die Antworten auf. Anschließend werden die Ergebnisse präsentiert. Die Kinder spielen die Geschichte als Rollenspiel, schreiben eine Fortsetzung und sammeln ihre Produkte in einem eigenen Buch.

2. Sequenz: Glücksbringer

Material:
- Fragen auf Karteikarten

Die Kinder finden sich in Gruppen zusammen und tauschen sich über die nachfolgenden Fragen mündlich aus.
- Hast du einen Glücksbringer?
- Was ist dein Talisman?
- Was macht diesen Gegenstand so wichtig für dich?
- Ist dein Glücksbringer für dich so wichtig, dass du ihn zu entscheidenden Ereignissen mitnehmen möchtest (Klassenausflug, Sportwettkampf etc.)?
- Welche Erinnerungen verbindest du mit ihm?
- Wie fühlst du dich, wenn du ihn nicht dabei hast?
- Hast du deinen Glücksbringer schon einmal vergessen?
- Wie hast du dich dabei gefühlt?

Der Reihe nach kann jedes Kind von seinem Glücksbringer und seinen Erlebnissen damit erzählen.

3. Sequenz: Umfrage zum Thema „Glück"

Material:
- Arbeitsblatt „Umfrage"
- Plakate

Die Kinder machen eine Umfrage bei Schülerinnen und Schüler anderer Klassen, Lehrpersonen und Eltern. Sie fragen, was die Menschen mit dem Begriff „Glück" verbinden (z. B.: Was verstehst du unter Glück? Glaubst du, dass das Glück gerecht verteilt ist? Hast du einen Glücksbringer oder Talisman? Welchen? Wobei hilft er dir? Was glaubst du?). Sie schreiben die Antworten auf, nicht aber die Namen der Interviewpartner, damit die Ergebnisse anonym sind. Sie kreuzen nur an, ob es sich um ein Mädchen, einen Jungen, eine Frau oder einen Mann handelt. Anschließend zählen sie die Umfrageergebnisse aus und werten die Antworten in einer Tabelle oder Grafik aus. Sie erstellen einen Aushang mit den Ergebnissen der Umfrage.

4. Sequenz: Glücklichsein ist wie …

Material:
- Plakat mit der Aufschrift „Glücklich sein ist wie …"
- Kärtchen in Form von Herzen oder Kleeblättern
- Informationstexte „Rechte der Kinder"

In der Mitte des Sitzkreises liegt ein Plakat mit der Aufschrift „Glücklich sein ist wie …".
Die Kinder erhalten den Auftrag, diesen Satzanfang zu vervollständigen.

Sie finden Vergleiche, was Glücklichsein ihrer Meinung nach bedeutet, schreiben sie auf kleine geformte Papierstücke (Herz, Kleeblatt etc.) und kleben sie auf das große Plakat.

Sie setzen sich in Gruppen zusammen. Sie erhalten eine Übersicht über die Rechte des Kindes (s. S. 76) oder recherchieren vorher selbst im Internet oder in entsprechenden Büchern und überlegen nun gemeinsam, welche Rechte zum eigenen Glück beitragen. Sie einigen sich auf ein gemeinsames Ergebnis und stellen dieses im Plenum vor.

Als Hausarbeit suchen sie in Zeitungen und Zeitschriften oder im Internet nach Beiträgen, die über „Glück" berichten, und sie sammeln Sprichwörter und Redewendungen, in denen das Wort „Glück" vorkommt.

5. Sequenz: Sachinformationen zu dem Begriff „Glück"

Material:
- Informationstext „Glück" (**M 2**)
- Plakate
- Karteikarten

Die Lehrperson verteilt den Informationstext zum Thema „Glück" (**M 2**). Die Kinder nähern sich mithilfe der Methode des Gruppenlesens dem Begriff „Glück".

Sie setzen sich zu viert zusammen und teilen den Informationstext zu gleichen Teilen unter sich auf. Jedes Gruppenmitglied liest einen Aspekt des Informationstextes zuerst leise und markiert bedeutsame Stellen. Anschließend liest das Kind, das den Text mit der Nummer 1 hat, laut vor. Die anderen stellen Fragen zum Inhalt. Sie klären gemeinsam unbekannte Wörter oder Begriffe. Das erste Kind fasst abschließend seinen Text mit eigenen Worten zusammen. Sie stellen Vermutungen an, worum es in den anderen Textabschnitten gehen könnte. Nun liest das Kind seinen Text vor, das die Nummer 2 hat. Die anderen achten darauf, dass der Ablauf hier und auch bei den nachfolgenden gleich ist.
Wenn sie alle Texte gelesen und besprochen haben, erstellen sie gemeinsam ein Plakat mit den für sie bedeutsamen Informationen. Sie schreiben weitere Fragen, die sie zu den Begriffen „Glück" oder „Glücklichsein" haben, auf Karteikarten und legen sie in die Mitte des Gesprächskreises auf den Boden. Sie überlegen, wo sie sich kundig machen können, um Näheres über diesen Begriff herauszufinden. Sie sortieren die eigenen Fragen nach möglichen Oberbegriffen und verteilen sie auf die einzelnen Schülerinnen und Schüler.

Nun recherchieren sie selbstständig in Sachbüchern oder im Internet nach Informationen und finden Antworten auf ihre Fragen. Wenn sich bei der Recherche noch weitere Fragen ergeben, schreiben sie diese auf und ergänzen sie in dem Fragenkatalog. Schließlich präsentieren sie ihre Ergebnisse vor der gesamten Klasse.

Mögliche Fragen der Kinder: Wann ist ein Mensch glücklich? Wie lange hält Glück an? Wer hat Anspruch auf Glück? Was hat Glück mit Aberglaube und Glaube zu tun? Welche Glückssymbole gibt es? Woher kommt das Wort „Glück"? Welche anderen Wörter gibt es für „Glück"? Gibt es Glücksfarben? Was bedeuten Glückszahlen? Welche Wirkung haben Glückssymbole? Wird Glück gleichmäßig auf die Menschen verteilt? Welchen Einfluss auf Glück hat ein Talisman? Empfindet jeder Mensch das Gleiche beim Glücklichsein? Kann man glücklich sein, wenn ein Freund unglücklich ist? Kann man Glück für Geld kaufen? Kann man Glück beeinflussen? Kann man Glück festhalten? Muss man für Glück etwas tun oder kommt es von allein?

6. Sequenz: Tipps für ein glückliches Leben

Material:
- Tonpapier
- Text „Tipps für ein glückliches Leben" (**M 3**)

Die Kinder lesen die „Tipps für ein unglückliches Leben" (**M 3**). Anschließend suchen sie sich einen Partner. Gemeinsam wandeln sie die Tipps für ein unglückliches Leben in Tipps für ein glückliches Leben um. Sie schreiben die Tipps auf einen großen Bogen Tonpapier, stellen sie im Plenum vor und hängen sie in der Klasse aus.

7. Sequenz: Glückssätze

Material:
- Arbeitsaufträge Lernangebote (**M 4**)
- Karteikarten, darauf notiert die Glückssätze (**M 5**)

Karteikarten mit Glückssätzen (Psalmworte, Redewendungen, s. **M 5**) liegen in der Mitte des Gesprächskreises auf dem Boden. Die Kinder suchen sich einen Satz aus und gestalten ihn in Einzel-, Partner- oder Gruppenarbeit mit Farben, Formen, Bewegungen, Klängen oder Schriftsprache (s. **M 4a, b**). Sie präsentieren anschließend ihre Produkte in einem Museumsgang.

8. Sequenz: Glücklichpreisungen

Material:
- Kinderbibel
- Arbeitsblatt „Glücklichpreisungen" (**M 6**)

Die Kinder lesen die Seligpreisung Jesu (Mt 5,3-10). Sie überlegen, wie Jesus, wenn er heute lebte, die Seligpreisungen formulieren würde, und schreiben sie als „Glücklichpreisungen" auf (**M 6**). Sie erfinden eigene Selig- und Glücklichpreisungen, die für sie bedeutsam sind. Anschließend präsentieren sie ihre Ergebnisse.

9. Sequenz: Eigene Glücksgedichte

Material:
- Gedichtmuster (**M 7–M 10**)
- Sticker o. Ä. (Kleeblatt, Schwein, Schornsteinfeger, Marienkäfer ...)
- Plakate

Die Kinder assoziieren nochmals (s. Sequenz 1) ihre eigenen Gedanken und Gefühle zu dem Begriff „Glück" (ergänzen die „Gedankensonne" oder erstellen sie neu) und schreiben mithilfe des Wortmaterials nach verschiedenen Gedichtmustern ihr eigenes Glücksgedicht (s. **M 7–M 10**). Sie stellen die Gedichte im Plenum vor. Sie tippen die Gedichte mit dem Computer ab und illustrieren sie mit Glückssymbolen, kleben sie auf Plakatkartonbögen und hängen sie im Klassenraum oder im Foyer als Wandzeitung aus. Sie können auch eigene Glückwunschkarten herstellen, die sie zum Verkauf anbieten oder an Menschen schreiben, denen sie eine Freude machen möchten.

Der glückliche Elefant

„Ich bin ein schöner grauer Elefant. Ich kann mit meinem Rüssel in hohem Bogen Wasser durch die Gegend spritzen und laut trompeten. Ich habe wirklich Glück!", sagte der Elefant und bewunderte sein Spiegelbild im Wasser des Flusses.

„Und was ist mit mir?", fragte der Affe. „Ich kann nicht trompeten. Findest du mich auch schön?" „Nein", sagte der Elefant. „Dafür kann ich von Baum zu Baum springen und einen Salto rückwärts machen. Du aber nicht", sagte der Affe und wollte gerade wieder auf einen Baum klettern.

„Halt. Warte doch!", rief der Elefant. „Ich hab noch nie gesehen, wie du einen Salto rückwärts gemacht hast." „Möchtest du das wirklich sehen?", fragte der Affe. „Ja, natürlich. Das interessiert mich", erwiderte der Elefant.

Da sprang der Affe geschickt aus dem Stand hoch in die Luft, machte gleich drei Saltos hintereinander und landete anschließend direkt vor dem Elefanten.

„Das ist ja wunderbar!", rief der Elefant begeistert. „Ich möchte auch einen Salto machen." „Kannst du aber nicht", sagte der Affe stolz und machte sich mit großen Sprüngen auf und davon.

Der Elefant begann zu üben. Er versuchte immer wieder, mit seinen Füßen vom Boden abzuheben. Doch er plumpste stattdessen jedes Mal ganz heftig auf sein Hinterteil. Er hatte schon viele blaue Flecken und war sehr enttäuscht.

„Ich bin ein nutzloser Elefant", jammerte er. „Ich kann nicht von Baum zu Baum springen und einen Salto rückwärts kann ich auch nicht machen."

Das Krokodil beobachtete ihn schon eine ganze Weile. „Du solltest wissen, dass Elefanten keinen Salto machen können", sagte es.

„Kannst du denn einen Salto machen?", fragte der Elefant.

„Bloß nicht. Mir würde schwindelig werden", sagte das Krokodil. „Aber ich kann schwimmen. Ich kann mich im Schilf gut verstecken und lange regungslos im Wasser liegen, sodass mich niemand erkennen kann."

„Na also", dachte der Elefant, „schwimmen kann ich und im Wasser werde ich bestimmt regungslos liegen können." Er stampfte durch das Schilf in den Fluss. „Lass uns Verstecken spielen", sagte er zum Krokodil. Doch mit dem Versteckspiel hatte der Elefant große Mühe. Immer wieder sagte das Krokodil: „Ich sehe dich noch." Außerdem konnte der Elefant nicht regungslos im Wasser liegen bleiben.

Entmutigt wollte der Elefant nach einiger Zeit an Land gehen. Er musste sich sehr anstrengen, um das Ufer zu erreichen. Immer wieder rutschte er auf dem glitschigen Boden aus. „Ich bin viel zu groß und ungeschickt und komme nicht so flink wie das Krokodil aus dem Wasser", dachte er traurig.

Der Storch schaute mitfühlend seinen Bemühungen zu.

„Hallo Storch, kannst du dich im Schilf verstecken und regungslos im Wasser liegen?", fragte der Elefant, als er wieder trockenen Boden unter den Füßen hatte.

„Nein", sagte der Storch, „das kann ich nicht. Aber ich kann fliegen."

„Ich kann nicht fliegen. Ich kann mich nicht im Schilf verstecken und nicht regungslos im Wasser liegen. Ich kann keinen Salto rückwärts machen. Ihr seid alle viel besser als ich. Ich bin nur ein unnützer und dummer Elefant", jammerte der Elefant traurig.

Der glückliche Elefant

„Aber Elefant“, sagte der Storch, „ich kann auch nicht regungslos im Wasser liegen. Ich kann auch keinen Salto rückwärts machen. Ich habe keinen Rüssel und kann auch kein Wasser durch die Gegend spritzen und trompeten so wie du. Du bist ein wunderschöner grauer Elefant und wir lieben dich alle. Du hast allen Grund, glücklich zu sein.“

Tief in Gedanken betrachtete der Elefant sein Spiegelbild im Wasser.

„Ja. Das bin ich“, sagte er laut. „Ein grauer Elefant, der mit seinem Rüssel in hohem Bogen Wasser durch die Gegend spritzen kann.

Plötzlich fühlte er sich sehr glücklich und trompetete eine wunderschöne Melodie, die weit über den Fluss zu hören war.

(Edelgard Moers)

(in Anlehnung an die Geschichte „Frosch im Glück“ von Max Velthuijs)

Lies die Geschichte still und so langsam, als ob ein Film vor deinen Augen abliefe. Beantworte die Fragen.

1) Was kann der Elefant?

2) Was kann der Affe?

3) Was kann das Krokodil?

4) Was kann der Storch?

5) Wie fühlt sich der Elefant zu Beginn der Geschichte?

6) Was sagt der Affe, als er den Elefanten sieht? Was sagt der Elefant?

7) Warum wurde der Elefant unglücklich?

8) Worüber spricht er mit dem Krokodil?

9) Was fragt er den Storch?

10) Welchen Rat gibt der Storch?

11) Was erkennt der Elefant am Schluss?

12) Wie fühlt er sich am Schluss?

Informationstext „Glück" **M 2**

Was ist Glück?
In der deutschen Sprache wird das Wort „Glück" in zwei unterschiedlichen Bedeutungen benutzt. Wir sprechen einmal von „Glück haben" und ein anderes Mal von „Glück empfinden".

Glück **hat** ein Mensch, wenn er z.B. bei einem Spiel oder Wettbewerb etwas gewinnt.
Glück **empfindet** ein Mensch, wenn er z. B. einen lieben Menschen nach einer langen Zeit trifft und sich mit ihm unterhält oder wenn er gelobt wird oder eine schwere Aufgabe erfolgreich bewältigt hat. Wenn ein Mensch Glück empfindet, dann ist er glücklich, zufrieden und fühlt sich wohl.

Woher stammt das Wort „Glück"?
Das Wort „Glück" stammt von den beiden Nomen „Gelucke" und „Gelücke", von dem Verb „gelingen" und dem Adjektiv „leicht" ab. Glück bedeutet in diesem Sinne: das Gelungene, das leicht Erreichte oder der gute Ausgang eines Ereignisses.

Welche Glückssymbole gibt es?
Menschen haben immer schon versucht, das Glück anzulocken und das Unglück zu vermeiden. Sie haben „Götter" beschworen, sie wohlwollend zu behandeln.

In der Geschichte der Menschheit gibt es in fast allen Kulturen Glücksbringer für die verschiedenen Naturereignisse, für die Jagd, für die Ernte, für die Fruchtbarkeit, für die Liebe und für alles, was dem Menschen lebenswichtig und überlebenswichtig war.

Es gab Kulturen, in denen jede Familie ihre eigenen Glücksbringer hatte, z. B. aus Ton gebrannte Figuren in menschlicher Gestalt, die weitervererbt wurden und mit denen häufig auch eine ganz individuelle Familiengeschichte verbunden war.

Als Glücksbringer gelten heute ein vierblättriges Kleeblatt, ein Hufeisen, ein Glücksschwein, ein Schornsteinfeger, ein Glückspfennig, ein Marienkäfer, Sternschnuppen, Scherben und ein Talisman.

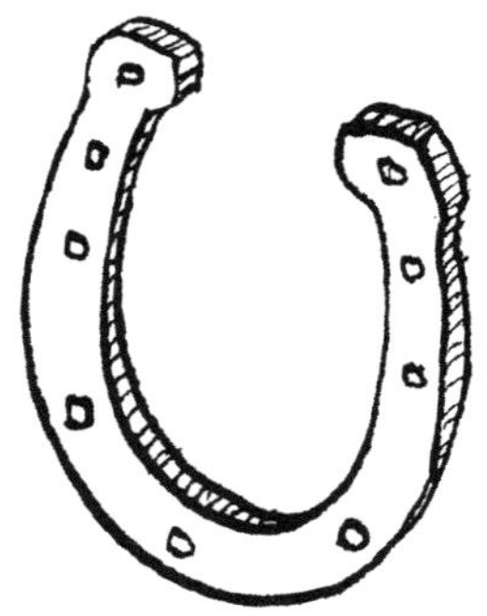

Welche anderen Wörter für „Glück" gibt es in anderen Sprachen?
Wenn die Menschen sich in Deutschland „Viel Glück!" wünschen, so sagen sie z. B. in England: „Good luck!"

deutsch	**Glück haben**	**Glück empfinden**
englisch	luck, pleasure	happiness
französisch	fortune, chance	bonheur
niederländisch	geluk	geluk
spanisch	fortuna, suerte	felicidad
türkisch	sans	mutluluk
italienisch	fortuna, piacere	felicità

Itze/Moers: Theologisieren in der Grundschule, Band 2

Tipps für ein glückliches Leben

Tipps für ein unglückliches Leben	Tipps für ein glückliches Leben
Glaube fest daran, dass du nichts kannst.	
Halte dich für schlecht.	
Glaube, dass du dumm und unfähig bist.	
Glaube, dass du nichts schaffen wirst.	
Denke immer, dass du deine Aufgaben nicht schaffen kannst.	
Denke immer daran, dass dich andere nur mögen, wenn du gute Leistungen bringst.	
Verzeihe dir nie, wenn dir etwas nicht gelungen ist.	
Glaube fest daran, dass du ein Pechvogel bist.	
Verzeih anderen niemals Fehler und Schwächen.	
Zeige nie deine wahren Gefühle.	
Vergleiche dich immer mit anderen.	
Sei immer unehrlich.	
Schiebe immer anderen die Schuld zu.	
Rege dich ständig über Ungerechtigkeiten auf.	
Vertraue niemandem.	
Mache immer das, was andere von dir wollen.	

Lernangebote "Glücks-Satz" M 4a

Erstellt eine Figur.
Gestaltet euer eigenes inneres Bild zu diesem Satz, in dem ihr aus Ton einen Gegenstand formt.

Ihr habt ___________ Zeit.
Präsentiert anschließend euer Ergebnis. Erzählt davon, wie es entstanden ist und warum ihr euch so entschieden habt.

Erweitert den Satz um eigene Verse.
Schreibt den Satz ab, aber lasst an einigen Stellen jeweils eine Zeile frei. Gestaltet den Satz durch eigene Worte oder Verse in den freien Zeilen.

Ihr habt ___________ Zeit.
Präsentiert euer Ergebnis und erzählt, wie es entstanden ist.

Erfindet eine Klanggestaltung.
Gestaltet ein eigenes inneres Bild zu diesem Satz und findet Klänge oder eine Melodie für die einzelnen Wörter oder Satzteile. Notiert sorgfältig die Entscheidungen, damit ihr diese genauso zu einem anderen Zeitpunkt wiederholen könnt.

Ihr habt ___________ Zeit.
Präsentiert euer Ergebnis. Erzählt davon, wie es entstanden ist und warum ihr euch so entschieden habt.

Erfindet ein Standbild.
Gestaltet euer eigenes inneres Bild zu diesem Satz, indem ihr euch eine passende Körperhaltung ausdenkt und für einen Augenblick einnehmt.

Ihr habt ___________ Zeit.
Präsentiert euer Ergebnis. Erzählt davon, wie es entstanden ist und warum ihr euch so entschieden habt. Macht ein Foto des Standbildes. Aus Satz und Foto könnt ihr später eine Glückwunschkarte erstellen oder ein Bild für eine Ausstellung gestalten.

Erfindet einen meditativen Bewegungsablauf.
Gestaltet ein eigenes inneres Bild zu diesem Satz und erprobt entsprechend der Stimmung verschiedene Bewegungsabläufe. Wählt passende Musik aus, die die Stimmung verstärkt.

Ihr habt ___________ Zeit.
Präsentiert euer Ergebnis. Erzählt davon, wie es entstanden ist und warum ihr euch so entschieden habt.

Lernangebote „Glücks-Satz"

Malt ein Bild
Gebt wenige Pinselstriche der Abtönfarbe auf die Glasplatte. Legt ein weißes Blatt Papier darauf und streicht es ganz flach. Dann zieht das Bild vorsichtig ab und lasst es trocknen.

Ihr habt ___________ Zeit.
Präsentiert euer Ergebnis. Erzählt davon, wie es entstanden ist und warum ihr euch so entschieden habt.

Gestaltet ein Bild mit Legematerialien
Nehmt eine Pappe als Unterlage und gestaltet euer eigenes inneres Bild zu diesem Satz mithilfe dieser ausgewählten Materialien.

Ihr habt ___________ Zeit.
Präsentiert euer Ergebnis und erzählt, wie es entstanden ist. Macht ein Foto von eurem Legebild. Aus Satz und Foto könnt ihr später eine Glückwunschkarte erstellen oder ein Bild für eine Ausstellung gestalten.

Fertigt einen Druck an
Gestaltet euer eigenes inneres Bild zu diesem Satz, indem ihr ein Symbol in die Styroporplatte ritzt, Acryl- oder Linolfarbe darüberrollt, ein weißes Blatt darüberlegt und mit einer sauberen Rolle gleichmäßig darüberzieht.

Ihr habt ___________ Zeit.
Präsentiert euer Ergebnis. Erzählt davon, wie es entstanden ist und warum ihr euch so entschieden habt.

Malt mit Ölkreide
Malt mit Ölkreide ein Bild auf schwarzen Tonkarton.

Ihr habt ___________ Zeit.
Präsentiert euer Ergebnis. Erzählt davon, wie es entstanden ist und warum ihr euch so entschieden habt.

Malt mit Zuckerkreide
Malt mit Zuckerkreide ein Bild auf schwarzen Tonkarton.

Ihr habt ___________ Zeit.
Präsentiert euer Ergebnis. Erzählt davon, wie es entstanden ist und warum ihr euch so entschieden habt.

Glücks-Sätze

Psalmworte:

Ein böser Mensch wird kein Glück haben und verjagt werden, denn ich weiß, dass Gott dem Sanftmütigen beisteht. (Ps 140,12.13)

Schau, da sind die Menschen, die Gott verachten und reich und glücklich werden. Soll es denn umsonst sein, dass ich mein Herz rein halte und Gott treu bin? (Ps 73,12.13)

Sprichwörter und Redewendungen:

Das Glück hat Flügel.

Das Glück hilft keinem, der sich nicht selbst hilft.

Das Glück kommt zu denen, die lachen.

Das Glück schenkt nichts, es leiht nur.

Er hat mehr Glück als Verstand.

Glück hat auf die Dauer nur der Tüchtige.

Du kannst auf das Glück warten, aber vergiss nicht, ihm die Tür zu öffnen.

Glück und Glas, wie leicht bricht das.

Kein Unglück ist so groß, es hat ein Glück im Schoß.

Mäßiges Glück währt am längsten.

Jeder ist seines Glückes Schmied.

Dem Glücklichen schlägt keine Stunde.

Zitate:

Das dauernde Glück ist nur in der Aufrichtigkeit zu finden. (G. C. Lichtenberg)

Glück gibt Gefährten; Gefahr bewährt den Freund. (F. Halm)

Halte das Glück wie den Vogel; so leise und lose wie möglich! Dünkt er sich selbst nur frei, bleibt er dir gern in der Hand. (F. Hebbel)

Reichtum allein macht nicht das Glück auf Erden; das ist weltbekannt, ja weltbekannt. (A. Lortzing, Waffenschmied)

Viele Leute versäumen das kleine Glück, weil sie auf das große vergeblich warten. (Pearl Buck)

Wer glücklich ist, kann glücklich machen. (J. L. W. Gleim)

Glücklichpreisungen

M 6

1) Wie würde Jesus, wenn er heute leben würde, die Seligpreisungen in seiner Bergpredigt formulieren? Schreibe sie mit deinen eigenen Worten als Glücklichpreisungen auf.

2) Erfinde eigene Selig- und Glücklichpreisungen, die für dich bedeutsam sind.

Seligpreisungen (Matth. 5,3-10) werden zu Glücklichpreisungen	
Selig sind, die Gottes Wort nicht verstehen, auch ihnen gehört das Himmelreich.	Glücklich sind
Selig sind, die da Leid tragen, denn sie sollen getröstet werden.	Glücklich sind
Selig sind die Sanftmütigen, denn sie werden das Erdreich besitzen.	Glücklich sind
Selig sind, die da hungern und dursten nach Gerechtigkeit, denn sie sollen satt werden.	Glücklich sind
Selig sind die Barmherzigen, denn ihnen wird sich Gott zuwenden.	Glücklich sind
Selig sind, die reinen Herzens sind, denn sie werden Gott sehen.	Glücklich sind
Selig sind die Friedfertigen, denn sie werden Gottes Kinder genannt.	Glücklich sind
Selig sind, die um der Gerechtigkeit willen verfolgt werden, denn ihnen gehört das Himmelreich.	Glücklich sind

Sinnesrondo

Wo siehst du etwas Interessantes oder wo hörst du etwas Interessantes, das mit dem Begriff „Glück“ zu tun hat? Formuliere es in einem Satz. Setze diesen Satz in die erste, dritte, fünfte und siebte Zeile.
Was siehst du oder was hörst du dort? Benenne es in einem Satz. Setze diesen Satz nun in die zweite und achte Zeile.
Benenne, was du noch sehen oder hören kannst und schreibe es in die vierte Zeile.
Benenne, was du darüber hinaus noch sehen oder hören kannst und schreibe es in die sechste Zeile.

____ (1)

____ (2)

____ (1)

____

____ (1)

____

____ (1)

____ (2)

Beispiel:

Lisa hat ein Lied gespielt
Sie ist überglücklich
Lisa hat ein Lied gespielt
Auf ihrer neuen Geige
Lisa hat ein Lied gespielt
Alle haben geklatscht
Lisa hat ein Lied gespielt
Sie ist überglücklich

Wenn-Dann-Gedicht

M 8

Zähle drei Gedanken hintereinander auf, die mit Glück zu tun haben und alle gemeinsam bewirken, dass du glücklich bist.
Gibt deinem Gedicht noch eine Überschrift.

____

Wenn ______________________________ ,

____

und ______________________________ ,

dann ______________________________ .

Akrostichon

M 9

Du siehst das Wort „Glück" senkrecht aufgeschrieben.
Die einzelnen Buchstaben sollen Anfangsbuchstaben für Beobachtungen, Gedanken oder Gefühle sein, die zu dem Wort passen.
Schreibe nun diese Wörter, kurzen Sätze oder Satzteile in die jeweilige Zeile.
In die erste Zeile kannst du noch einmal das Wort „Glück" schreiben, das dann gleichzeitig die Überschrift sein soll. Du kannst aber auch eine Überschrift dazuschreiben.

G ______________________________

L ______________________________

Ü ______________________________

C ______________________________

K ______________________________

Das Wort „Glück“ ist die Überschrift deines Gedichtes.
Nun beantworte die nachfolgenden Fragen und setze
deine Antworten in die Lücken ein.
Welche Farbe hat Glück?
Welchen Geschmack hat Glück?
Wie riecht Glück?
Wie sieht Glück aus?
Wie hört sich Glück an?
Schreibe in die letzte Zeile noch einen für dich bedeutenden Satz dazu.
Nun ist dein Gedicht fertig.

Glück

Glück ist ______________________________.

Glück schmeckt nach ______________________________.

Glück riecht nach ______________________________.

Glück sieht aus wie ______________________________.

Glück hört sich an wie ______________________________.

______________________________.

Male ein Bild dazu.

Edelgard Moers

Was ist Schönheit? – Lob auf Gottes wunderbare Schöpfung – Ganzheitliche Begegnung mit dem Bilderbuch „Die Werkstatt der Schmetterlinge" von Gioconda Belli (3. bis 6. Schuljahr)

Neuanfang
Befreit
Von den Fesseln der Sachlichkeit
Gebe ich mich
Dem sinnlichen Staunen hin
Halte inne
Und gerate außer mir
Um endlich
Zu mir zu finden
(Edelgard Moers)

Leitende Gedanken

Schönheit ist ein abstrakter Begriff, der mit allen Aspekten menschlichen Daseins verbunden ist. Wie jede Wertung ist dieser emotional positiv belegte Begriff von Wertvorstellungen abhängig, die auch durch gesellschaftliche Konventionen geprägt werden. Im Alltag wird als „schön" meist etwas bezeichnet, das einen besonders angenehmen Eindruck hinterlässt: ein schöner Körper, ein schönes Musikstück, eine schöne Bewegungsabfolge im Tanz, aber auch Erlebnisse wie z.B. Gestreichelt-Werden. Eine Nähe zu Begriffen wie Harmonie und Symmetrie fällt auf, eine Abgrenzung gegenüber sinnlicher Überwältigung oder dem „nur" Hübschen, dem das Besondere fehlt, ist nicht immer leicht.

Nach Kant basieren ästhetische Urteile auf privaten, subjektiven Empfindungen des Gefallens oder der Abneigung, der Lust oder Unlust. Insofern könnte man meinen, schön sei einfach, was uns persönlich angenehm sei. Kant stellt jedoch einen Unterschied fest: Über das Angenehme lässt sich nicht streiten, denn jeder empfindet etwas anderes als angenehm und wird dies auch zugeben. Ästhetische Urteile dagegen sind zwar subjektiven Ursprungs, sie haben jedoch Anspruch auf Allgemeingültigkeit – wer über die Schönheit eines Gegenstandes urteilt, behauptet zugleich, ein Urteil zu fällen, dem auch andere zustimmen müssten. Schönheit hat daher den Anspruch subjektiver Allgemeinheit. Anders als über das Angenehme lässt sich über Schönheit und Geschmack durchaus sinnvoll streiten, da jedes Geschmacksurteil sich anmaßt, über die Empfindungen anderer mit zu urteilen.

Philosophen und Naturwissenschaftler von der Antike bis zur Gegenwart haben ihr Staunen über die Welt zum Ausdruck gebracht. In der Bibel sind die Psalmen von König David zu lesen, in denen er die Schönheit der Welt beschreibt. Im Religionsunterricht sprechen wir von der Schöpfung und drücken dadurch das Bekenntnis zum Christentum, d. h. zu Gott, aus.

Die Kinder werden in ihrem Staunen über die Schöpfung begleitet, sie können die schönen Dinge der Natur als Schätze betrachten und sie werden angeleitet, den Schöpfer zu loben und ihm dafür zu danken. In dem Zusammenhang stellen sie viele Fragen und sind emotional betroffen. Nur wenn sie die Schönheit der Schöpfung „berührt" haben, sind sie innerlich berührt. Nur wenn sie die schönen Dinge „begriffen" haben, haben sie den Unterrichtsgegenstand begriffen.

Neben der biblischen Schöpfungsgeschichte können andere Geschichten von der Entstehung der Welt in den Unterricht einbezogen werden. Auch das Bilderbuch „Die Werkstatt der Schmetterlinge" von Gioconda Belli ermöglicht den Kindern, noch einmal aus der Perspektive der Handlungsfiguren, mit denen sie sich identifizieren können, für die Schönheit der Schöpfung sensibilisiert zu werden. Natürlich verstehen sie diese Geschichte als „Märchen" und können nach der Lektüre auch anschließend selbst Schöpfungsgeschichten erfinden und aufschreiben. Gleichzeitig ist ihnen deutlich, dass nur Gott selbst diese wunderbaren Dinge erschaffen kann.

Lernchancen

Die Kinder erhalten Lernchancen auf allen Ebenen. Sie sollen …

- den Inhalt des Bilderbuches kennenlernen, als märchenhafte Schöpfungsgeschichte erfassen und zum Staunen über die Schönheit der Schöpfung angeregt werden.
- den Inhalt mit der biblischen Schöpfungsgeschichte (die seinerzeit von Menschen aus ihrer damaligen Vorstellung von der Entstehung heraus aufgeschrieben wurde) vergleichen können und alle Schöpfungsgeschichten als Lob auf die Schönheit der Schöpfung begreifen.
- den geschenkten wunderbaren Lebensraum aufmerksam wahrnehmen und – ausgelöst durch den Bilderbuchinhalt – darin neue Entdeckungen machen.
- ihr Bewusstsein für die Schöpfung schärfen und verantwortlich mit der Schöpfung umgehen.
- den Gedanken und Gefühlen der Handlungsfiguren nachspüren.
- den Konflikt des Rodolfo erkennen und beschreiben.
- die unterschiedlichen Positionen sowohl des Rodolfo als auch der Weisen Alten beschreiben und in einem Rollenspiel nachstellen.
- die Stufen des Konfliktes erkennen und beschreiben.
- sich darüber Gedanken machen, ob das Gesetz sinnvoll ist und ob es für Schönheit Grenzen geben darf.
- die Höhen und Tiefen im Gestaltungsprozess des Rodolfo beschreiben und als Lebenskurve skizzieren.
- formulieren, warum die Insektenwerkstatt einen schlechten Ruf hat.
- erklären, warum am Schluss die Weise Alte und alle Gestalter glücklich sind, und beschreiben, wie sie das zeigen.
- erkennen, dass sich Rodolfo nicht entmutigen lässt und seine Visionen nicht aufgibt.
- die Schönheit der Schmetterlinge beschreiben und Wesen in der Natur, die für sie schön sind, erkennen und beschreiben.
- selbst Gestalter erfinden und in einem Bild darstellen.
- den Inhalt allein und leise selbstvergessen lesen.
- Teilinhalte mithilfe verschiedener Lesestrategien nach der Methode des Gruppenlesens eigenständig erschließen und den anderen erzählen bzw. vorlesen.
- ihre Freude an der Begegnung mit einem Bilderbuch weiter entwickeln und Bücher als Begleiter im Leben begreifen lernen.
- eine eigene Schöpfungsgeschichte planen, verfassen und präsentieren.
- verschiedene Schöpfungsgeschichten miteinander vergleichen.
- entdecken, dass sich der Schöpfungsglaube und naturwissenschaftliche Weltbilder nicht gegenseitig ausschließen.

Der Inhalt des Buches: Die Werkstatt der Schmetterlinge[1]

„Die Werkstatt der Schmetterlinge" mit Illustrationen von Wolf Erlbruch ist ein philosophisches Märchen für Kinder und Erwachsene aus der Feder der nicaraguanischen Schriftstellerin Gioconda Belli.

Angesiedelt in der Welt der menschlichen Fantasie und ohne zeitliche Festlegung erzählt das Märchen von der Schöpfung der Erde, ihrer Gesteine, der Lebewesen und der Tiere. Die ständige Bereicherung der Natur durch neue Dinge und Wesen obliegt den Gestaltern aller Dinge.

Die Gestalter aller Dinge sind in ihrer Arbeit nicht frei, sondern ihr Schaffen wird genau beobachtet und verläuft nach klaren Regeln. Die „Weise Alte" ist oberste Instanz. Sie hütet das für alle schöpferische Tätigkeit geltende „Strenge Gesetz", das den Gestaltern unter anderem vorschreibt, Tiere nur für das Tierreich und Pflanzen nur für das Pflanzenreich zu erschaffen.

Der Gestalter Rodolfo hat eine Idee. Er möchte ein Wesen schaffen, das alle glücklich macht. Es soll die Schönheit einer Blume besitzen, aber ebenso über die Fähigkeit verfügen, anmutig durch die Lüfte zu fliegen wie ein Vogel. Doch wenn er diesen Traum verwirklichen möchte, gerät er zwangsläufig in einen großen Konflikt. Er bricht mit den tradierten Regeln der Kunst, die in diesem strengen Gesetz verankert sind. Rodolfo lässt sich nicht von seiner Idee abbringen. Weil Rodolfo beharrlich sein Ziel verfolgt, maßregelt ihn die Weise Alte immer wieder. Sie möchte einem Ideen-Wildwuchs Einhalt gebieten.

Das Buch zeigt verschiedene Stufen, wie dieser Konflikt zwischen Rodolfo, der die Menschen glücklich machen möchte, und der Weisen Alten, die das Gesetz vertritt, überwunden wird. Zusammen mit seiner Freundin Gwendolin wandert Rodolfo durch Landschaften und Jahreszeiten, erfindet so manche Tiere auf dem Weg zu seinem Ziel. Am Ende seiner schöpferischen Entwicklungsreise bringt er den ersten Schmetterling aufs Papier.

Als Rodolfo der Versammlung aller Gestalter seine Erfindung vorführt und die Schmetterlinge vor ihren Augen fliegen lässt, kann die Weise Alte ihre Tränen vor Rührung nicht verbergen. Die Schmetterlinge sind eine wunderbare Verschmelzung von Vogel und Blume. Solche Schönheit berührt sie immer noch, obwohl sie schon so viel gesehen hat, und sie weiß, dass sich die Menschen bestimmt viele geheimnisvolle Geschichten über Schmetterlinge ausdenken werden.

„Die Werkstatt der Schmetterlinge" ist eine farbenfrohe und amüsante, geradezu verspielt-fantastische Variante der Schöpfungsgeschichte. Doch wirft die Erzählung hinter dem reinen Handlungsverlauf die metaphysische Frage nach den Regeln und dem Sinn künstlerischen Schaffens auf. Insofern stehen Tiere, Pflanzen, Gesteine und Metalle nur sinnbildlich für die mannigfachen Produkte des künstlerischen Schaffens und Wirkens, so wie auch das strenge Gesetz als Metapher zu verstehen ist für ein durch Tradition und Gewohnheit gewonnenes Kunstbild.
Der individuelle Bruch mit dieser Tradition erfolgt vollkommen ideologiefrei. Er gleicht einer Liebeserklärung an die allein vom Streben nach Schönheit und Harmonie getragenen, schier unendlichen Möglichkeiten des künstlerischen Schaffens. Es ist ein Lobgesang auf Gottes Schöpfung – ein Schöpfungslob.
Der Schmetterling ist ein Symbol und steht für Seele und für Unsterblichkeit. Da er sich aus der irdischen Raupe über das Stadium der Auflösung in das himmlische geflügelte Geschöpf verwandelt, bedeutet er Wiedergeburt und Auferstehung. Die einzelnen Stadien seiner Entwicklung stehen für Leben, Tod und Auferstehung. Auf einigen Bildern wird ein Schmetterling auch in der Hand des Jesuskindes dargestellt. Der Kokon (die Schmetterlingspuppe) steht für Metamorphose, d. h. Übergang in einen anderen Zustand oder Verwandlung.

Zum Verlauf

1. Sequenz: Vorstellung des Buchtitels und Kennenlernen der Hauptfigur, des Gestalters Rodolfo

Material:
- Lied: Du hast uns deine Welt geschenkt (**M 1**)
- Psalmwort 104,24 (**M 2**)
- Rodolfos Konflikt (**M 3**)

Die Kinder sitzen im Kreis. Die Lehrperson gibt den Kindern eine Transparenz darüber, dass sie in den nächsten Unterrichtsstunden eine Schöpfungsgeschichte kennenlernen, heute den Anfang hören und sich mit der Hauptfigur näher beschäftigen. Gleichzeitig wird ihnen der Stundenverlauf in visualisierter Form erläutert. Die Kinder tauschen sich in Gruppen darüber aus, was sie über die Entstehung der Welt wissen und tragen es in eine Gedankensonne („Wie ist die Welt entstanden?") ein. Sie präsentieren in einem Museumsgang ihre Ergebnisse.
Die Kinder kommen wieder in den Kreis und singen gemeinsam das Lied „Du hast uns deine Welt geschenkt" von Rolf Krenzer und Detlev Jöcker (**M 1**) und setzen sich anschließend. Die Lehrperson legt Psalm 104,24 „Gott, wie sind deine Werke so groß und viel. Du hast sie alle weise geordnet, und die Erde ist voll deiner Güter." in die Mitte (**M 2**). Die Kinder stellen Überlegungen an, was der Psalmbeter gedacht hat, als er diesen Text geschrieben hat. Begriffe wie „deine Werke" und „weise geordnet" werden dabei geklärt und mit Beispielen belegt. Die Lehrperson leitet dazu über, dass sich viele Menschen Geschichten über die Entstehung der Welt ausgedacht haben. Auch die biblische Schöpfungsgeschichte ist eine Geschichte, die Menschen vor langer Zeit aufgeschrieben haben. Die Menschen haben sie so verfasst, wie sie sich die Entstehung der Welt vorgestellt haben. Einen Tatsachenbericht gibt es nicht. Die Geschichte ist ein Lob auf unsere schöne Welt – ein Lob auf die Schöpfung Gottes. Eine ausgedachte Schöpfungsgeschichte ist „Die Werkstatt der Schmetterlinge" von der Schriftstellerin Gioconda Belli. Die Lehrperson stellt den Titel und den Text des Buchrückens vor und kündigt an, dass die Schülerinnen und Schüler in den nächsten Stunden dieses Buch kennenlernen und an dem Inhalt arbeiten werden. Die Kinder äußern evtl. ihre Erwartungen.

Die Lehrperson liest den Inhalt von Seite 3 bis Seite 7 aus dem Buch vor. Sie spricht mit den Kindern im Kreis über den Inhalt des Gesetzes und über die Visionen des Rodolfo. Die beiden gegensätzlichen Gedanken können an der Tafel oder in der gestalteten Mitte durch zwei Gedankenblasen visualisiert werden. In der einen Gedankenblase steht z. B.: Tiere dürfen nur für das Tierreich und Pflanzen nur für das Pflanzenreich erschaffen werden. In der zweiten Gedankenblase steht z. B.: Ich träume von einem Wesen, das so schön ist wie eine Blume und fliegen kann wie ein Vogel. Nun setzt sich ein Kind als Rodolfo auf einen Stuhl und jeweils ein Kind steht links und rechts als Rodolfo neben dem Stuhl. Das links stehende Kind vertritt das Gesetz und das rechts stehende Kind die Idee Rodolfos. Rodolfo ist „stumm" und immer abwechselnd „leihen" die beiden Kinder ihm ihre Stimme. Sie sollen als zwei innere Stimmen (als Gewissen) des Gestalters Rodolfo den Widerspruch zwischen dem Gesetz und seinem Traum herausarbeiten. Dieses „Szenische Spiel" kann 3–5 Minuten dauern und noch zwei Mal mit weiteren Kindern durchgeführt werden. Als Hausarbeit erhalten die Kinder ein Arbeitsblatt (**M 3**), auf dem sie den Konflikt noch einmal mit eigenen Worten beschreiben sollen und auch ihre eigene Entscheidung – wenn sie Rodolfo wären – formulieren können.

2. Sequenz: Rodolfos Freunde und ihre Erfindungen

Material:
- Wer hat was in der Insektenwerkstatt erfunden? (**M 4**)
- Der schlechte Ruf der Insektenwerkstatt (**M 5**)

Die Schülerinnen und Schüler wiederholen nun den schon bekannten Teil des Buches und stellen einige Beispiele ihrer Hausarbeit vor (z. B. ihre eigene Entscheidung). Die Lehrperson leitet zur Ziel- und Verlaufstransparenz über und erklärt, dass die Kinder heute die Freunde von Rodolfo näher kennenlernen und von den Erfindungen hören. Sie liest die Geschichte von Seite 7 bis Seite 11 weiter vor und visualisiert den Inhalt an der Tafel (die Namen und die Erfindungen).
Die Schülerinnen und Schüler erhalten anschließend ein Arbeitsblatt (**M 4**), auf dem sie in Einzelarbeit die Erfindungen den Namen der Gestalter zuordnen sollen. (Die Kinder können ihre Ergebnisse mit einem ausgefüllten Kontrollblatt selbstständig vergleichen).
Anschließend gestalten sie in arbeitsteiligen Gruppen vorbereitete Steckbriefplakate zu Rodolfo, Kalle, Paganini, Gwendolin oder Fedora. Sie wiederholen zuvor die Kriterien für einen Steckbrief und suchen sich aus, an welcher Person bzw. an welchem Steckbrief-Plakat sie arbeiten möchten. Sie beschreiben die bedeutenden Merkmale sowie die äußere Erscheinung des jeweiligen Gestalters und malen sowohl die Handlungsfigur als auch die Erfindung(en) oder Situationen dazu. Anschließend präsentieren die einzelnen Gruppen ihre Plakate und reflektieren ihre Arbeit.

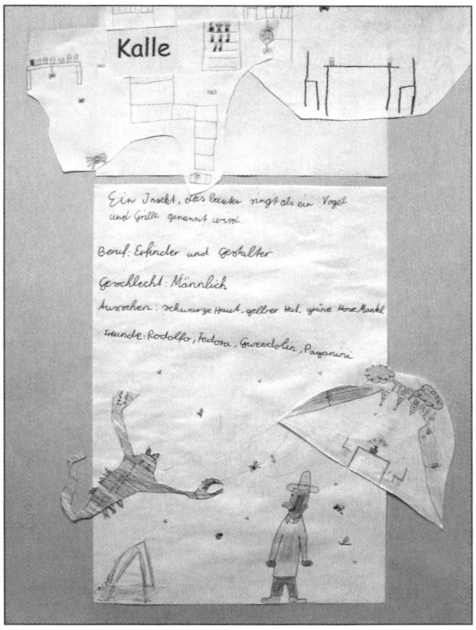

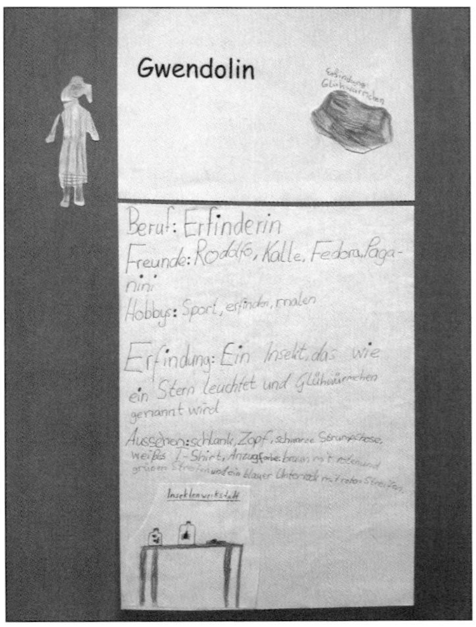

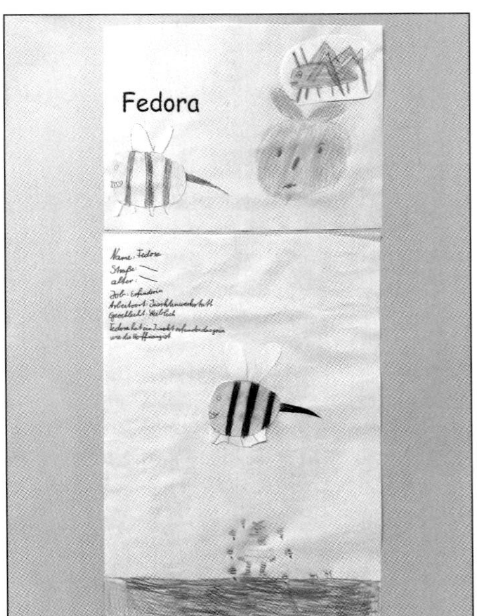

Plakate: Rodolfo und seine Freunde

Als Hausarbeit oder zur Differenzierung schreiben die Kinder auf ein Arbeitsblatt (**M 5**), warum die Insektenwerkstatt einen schlechten Ruf hat, warum die Gestalter nicht so gerne dort arbeiten möchten, wie sie sich aber mit der Situation abgefunden haben.

3. Sequenz: Rodolfos Weg mit seinen Höhen und Tiefen

Material:
- Die Höhen und Tiefen auf Rodolfos Weg (**M 6**)
- Die Schönheit der Schöpfung (**M 7**)

Die Schülerinnen und Schüler wiederholen den schon bekannten Teil des Buches. Sie erzählen strukturiert, was sie schon kennengelernt haben. Die Lehrperson gibt eine Transparenz über das weitere Vorgehen, bzw. erzählt, dass sie sich nun mit Rodolfos weiterem Weg beschäftigen werden, der von Höhen und Tiefen gekennzeichnet ist. In der Mitte liegt ein Seil, das den Lebensweg Rodolfos darstellen soll, und in der Mitte eine Holzfigur, die Rodolfo repräsentiert. Am Anfang liegen einige Wortkarten mit den schon bekannten Stationen (Sein Traum – Das Gesetz – Seine Freunde – Insektenwerkstatt – Fledermaus u. a.). Die Lehrperson liest die Geschichte von Seite 12 bis Seite 21 (Mitte) vor und legt weitere Wortkarten an den Weg. Die Schülerinnen und Schüler beschreiben, welche Stationen negativ und welche positiv sind. Die Lehrperson leitet an einem beliebigen Beispiel zum Tafelbild über. Dort sind noch einmal alle Stationen am unteren Rand aneinandergereiht. Sie nennt für „Steine" und „Blumen" auf dem Weg oder traurige und fröhliche Gefühle die Begriffe „Tiefen" und „Höhen" auf dem Lebensweg. Die Kinder zeichnen an dem beliebigen Beispiel – über der Bezeichnung der Station – einen Punkt als Stimmungskennzeichnung ein, der entweder über oder unter einer dünn gestrichelten Linie (neutral) liegt. Die Bedeutung des Punktes, der entweder eine freudige oder eine negative Stimmung darstellen soll, wird mit allen Kindern besprochen. An den davor und dahinter liegenden Stationen zeichnen sie noch einmal je einen Punkt ein (und differenzieren auch innerhalb der Höhen und Tiefen) und korrigieren evtl. in der Höhe oder Tiefe.
Sie erhalten nun ein Arbeitsblatt (**M 6**), auf dem sie zu zweit die Höhen und Tiefen des gesamten Weges skizzieren sollen. Das Arbeitsblatt sollte in jedem Fall im Querformat bearbeitet

werden und durch ein leeres Blatt, das an der Seite angeklebt wird, verlängert werden können. Als Hilfe und zur Differenzierung dienen die gestaltete Mitte (Lebensweg mit Stationen) und das Tafelbild mit den Beispielen. Anschließend präsentieren die Kinder ihre Ergebnisse. Die Lehrperson weist darauf hin, dass nicht alle Ergebnisse gleich sind, aber trotzdem alle richtig sind, und fragt nach, warum das so ist. Möglicherweise erkennen die Kinder, dass jeder die Gefühle und Stimmungen Rodolfos anders interpretiert und seine eigene Meinung zum Ausdruck bringt, denn für Gefühle oder Stimmungen gibt es keine verbindliche Einordnung.

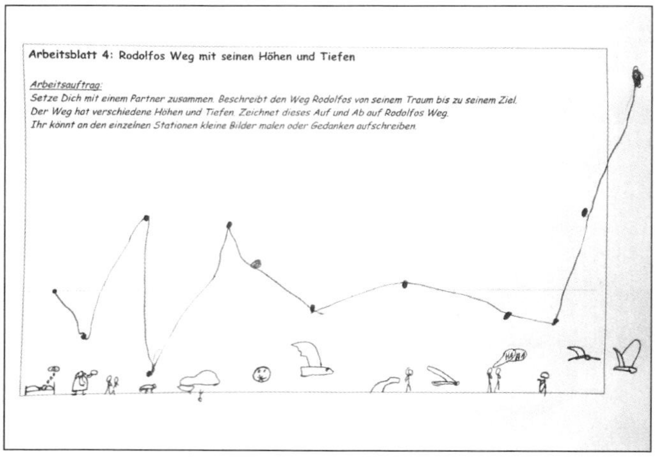

Schülerarbeit: Die Höhen und Tiefen des Rodolfo

Evtl. als Hausarbeit stellen die Kinder Überlegungen auf einem Arbeitsblatt (**M 7**) an, was für sie schön ist, was sie glücklich macht, und sie beschreiben einen Gegenstand aus der Natur, der ihnen gefällt, den sie schön finden und der sie (oder auch andere Menschen) beim Betrachten glücklich machen könnte.

4. Sequenz: Die Vorbereitung der Versammlung aller Gestalter

Material:
- Ein Dankgebet (**M 8**)
- Ein passendes Psalmwort finden (**M 9**)
- Psalmworte (**M 10**)

Die Schülerinnen und Schüler wiederholen den schon bekannten Teil des Buches. Sie erzählen strukturiert, was sie schon kennengelernt haben. Die Lehrperson gibt eine Ziel- und Verlaufstransparenz und liest die Geschichte von Seite 21 (Mitte) bis Seite 31 (oben). Die Schülerinnen und Schüler erfahren, wie Rodolfo nun endlich seinem Traum ein großes Stück näherkommt und wie die Freunde die Versammlung aller Gestalter vorbereiten, bei der die Idee vorgestellt werden soll, damit er eine eigene Werkstatt bekommen kann. Sie erfahren, dass Rodolfo der Weisen Alten erklärt, dass es sich bei seiner Erfindung um ein Insekt handelt und dass er sich an die Regeln des Gesetzes gehalten hat ... und dass er nun sehr, sehr glücklich ist. Diese Gefühlssituation – endlich seinen Traum verwirklicht zu haben – können die Kinder durch ein Dankgebet (**M 8**) oder durch die Zuordnung eines Psalmwortes (**M 9/10**) zum Ausdruck bringen. Sie dürfen aus den beiden Lernangeboten eines auswählen oder auch beide bearbeiten. Anschließend präsentieren sie ihre Ergebnisse.

5. Sequenz: Ein Traum wird wahr

Material:
- Ein Traum wird wahr (**M 11**)

Die Schülerinnen und Schüler wiederholen den schon bekannten Teil des Buches. Die Lehrperson gibt eine Ziel- und Verlaufstransparenz und liest den Schluss der Geschichte vor. Als methodische Alternative kann sie den Kindern den Text von Seite 31 oben bis Seite 40 als Lesetext geben. Alle Kinder finden sich zu viert in Gruppen zusammen und erfahren den weiteren Verlauf nach der Methode des Gruppenlesens. Dazu überfliegen sie den Text und teilen ihn in vier Abschnitte auf. Jedes Kind liest seinen Textteil zuerst leise und dann laut der Gruppe vor. Das jeweils rechts vom Leser sitzende Kind wiederholt den Inhalt mit eigenen Worten und die anderen Kinder der Gruppe stellen Fragen zum Inhalt. Nun liest das nächste Kind seinen Textteil vor. Alle Kinder achten darauf, dass der Inhalt in der richtigen chronologischen Reihenfolge gelesen und besprochen wird.
Den Inhalt des gelesenen Textes gestalten die Gruppen nun jeweils auf einem großen Plakat gemeinsam. Sie müssen sich vorher einigen, welches Bild entstehen soll.
Evtl. als Hausaufgabe oder zur Differenzierung erhalten die Kinder ein Arbeitsblatt, auf dem sie beschreiben sollen, wie die Gestalter reagieren, als sie die Schmetterlinge mit eigenen Augen (**M 11**) gesehen haben.

6. Sequenz: Buchtipp

Material:
- Fragen zum Buch **(M 12)**
- Ggf. Ölkreide, schwarzer Karton oder weißes Papier, Salatöl

Die Schülerinnen und Schüler fassen den Inhalt mit eigenen Worten zusammen und reflektieren ihre Arbeit mit dem Buch **(M 12)**. Sie verfassen einen Buchtipp zum Aushang in der Schule.
Anschließend können sie selbst Gestalter sein und Schmetterlinge mit Ölkreide auf schwarzem Karton oder auf weißem Papier malen. Dabei achten sie darauf, dass beide Seiten symmetrisch sind. Sie können Fensterbilder mit verschiedenen Schmetterlingsformen herstellen (bunt gemalte Bilder mit Salatöl einstreichen, trocknen lassen, dann werden die Bilder transparent). Sie können auch einen Gestalter erfinden und ihn malen.

7. Sequenz: Märchen und Wirklichkeit

Die Kinder reflektieren den Inhalt des Bilderbuches „Die Werkstatt der Schmetterlinge" und ihre Arbeit daran. Sie verfassen je eine eigene Schöpfungsgeschichte, präsentieren sie und sammeln sie in einem Buch. Die Lehrperson arbeitet mit den Kindern im Rahmen eines Unterrichtsgespräches deutlich heraus,
- dass die Menschen zwar eine Werkstatt für Autos, Fernseher, Möbel oder Telefone einrichten können und viele Dinge künstlich und künstlerisch gestalten können,
- dass aber die wunderbare Schöpfung der Pflanzen, Tiere und Menschen nur durch Gott selbst entstanden ist,
- dass die Wissenschaftler heute viel über die Entstehung der Welt wissen, aber in der gesamten Evolution über allem immer Gott steht,
- dass die biblische Schöpfungsgeschichte vor mehreren tausend Jahren von Menschen aufgeschrieben wurde, die sich die Entstehung der Welt in dieser Weise vorgestellt haben und ihr Lob auf die wunderbare Schöpfung mit ihren Worten zum Ausdruck gebracht haben,
- dass die einzelnen Tage der biblischen Schöpfungsgeschichte durchaus symbolisch als Phasen zu verstehen sind und teilweise mit den Phasen der Evolution verglichen werden können,
- dass sich die Menschen viele Geschichten über die Entstehung der Welt ausdenken können (und auch sollen), um sich die Schönheit der Schöpfung immer wieder aufs Neue bewusst zu machen und Gott für seine Werke zu loben.

8. Sequenz: Evolution und Schöpfung

In dem Zusammenhang kann auch auf die Frage „Wie ist die Welt entstanden?" näher eingegangen werden.
Beide Schöpfungsgeschichten der Bibel können erarbeitet werden. Die Kinder vergleichen die Phasen der Evolution mit den Schöpfungstagen und erkennen dadurch, dass Wissenschaft und Glaube sich nicht widersprechen.

---

[1] Belli (2000[5]).

Du hast uns deine Welt geschenkt

Text: Rolf Krenzer, Musik: Detlev Jöcker

2. Du hast uns deine Welt geschenkt:
die Länder – die Meere.
Du hast uns deine Welt geschenkt:
Herr, wir danken dir.

3. Du hast uns deine Welt geschenkt:
die Sonne – die Sterne.
Du hast uns deine Welt geschenkt:
Herr, wir danken dir.

4. Du hast uns deine Welt geschenkt:
die Blumen – die Bäume.
Du hast uns deine Welt geschenkt:
Herr, wir danken dir.

5. Du hast uns deine Welt geschenkt:
die Berge – die Täler.
Du hast uns deine Welt geschenkt:
Herr, wir danken dir.

6. Du hast uns deine Welt geschenkt:
die Vögel – die Fische.
Du hast uns deine Welt geschenkt:
Herr, wir danken dir.

7. Du hast uns deine Welt geschenkt:
die Tiere – die Menschen.
Du hast uns deine Welt geschenkt:
Herr, wir danken dir.

8. Du hast uns deine Welt geschenkt:
Du gabst mir das Leben.
Du hast uns deine Welt geschenkt:
Herr, wir danken dir.

9. Du hast uns deine Welt geschenkt:
Du gabst uns das Leben.
Du hast uns deine Welt geschenkt:
Herr, wir danken dir.

Gott,
wie sind deine Werke so groß und viel!

Du hast sie alle weise geordnet, und die Erde ist voll deiner Güter.

Ps 104,24

Rodolfos Konflikt

M 3

Lies die beiden Fragen.

Beantworte sie mit deinen Worten.

1. In welchem Konflikt ist Rodolfo?

Einerseits ____

____

____

Andererseits ____

____

____

2. Wie würdest du dich entscheiden, wenn du Rodolfo wärst?
Begründe deine Entscheidung.

____

____

____

____

____

____

Wer hat was in der Insektenwerkstatt erfunden? M 4

Informiere dich in dem Buch auf den Seiten 8 und 10 oder schau an die Tafel.

Ordne zu. Ziehe dazu jeweils eine Linie vom Tier zum Namen des Gestalters.

Ein Insekt,
das wie ein Stern leuchtet
und Glühwürmchen genannt wird.

Ein Insekt,
das ängstlich wie ein Känguru
durch das trockene Gras hüpft
und Heuschrecke genannt wird.

Ein Insekt,
das einen Panzer
wie eine kleine Schildkröte hat
– rot mit schwarzen Punkten darauf –
und Marienkäfer heißt.

Ein Insekt,
das grün wie die Hoffnung ist.

Ein Insekt,
das lauter singt als ein Vogel
und Grille genannt wird.

Ein Insekt,
das den Blütenstaub
von einer Blume zur anderen bringt
und allerköstlichsten Honig bereitet
und Biene genannt wird.

Eine Maus,
die fliegen kann
und Fledermaus genannt wird.

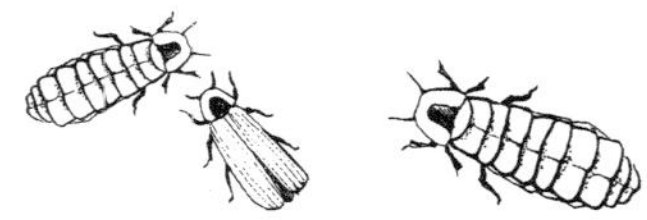

Rodolfo

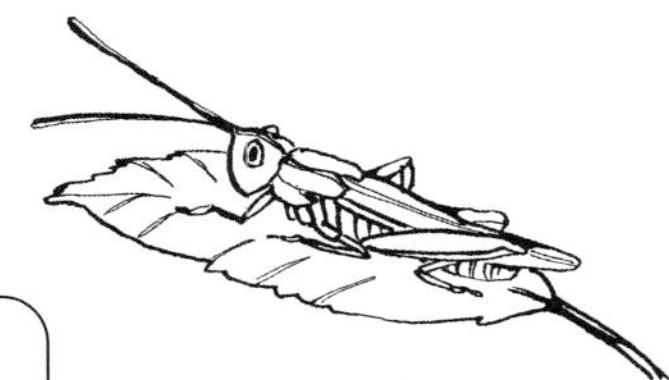

Gwendolin

Kalle

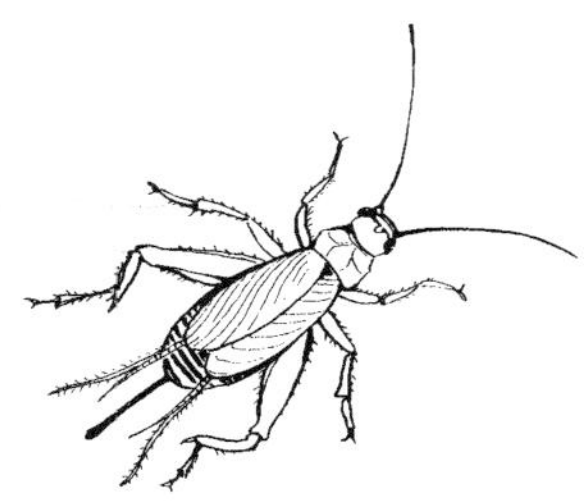

Fedora

Paganini

Der schlechte Ruf der Insektenwerkstatt

M 5

Lies zuerst den Text „Der schlechte Ruf der Insektenwerkstatt“.

Beantworte dann die beiden darunter stehenden Fragen mit deinen Worten.

Der schlechte Ruf der Insektenwerkstatt
Die Weise Alte wacht darüber, dass alles seine Ordnung behält.
Damit Rodolfo nicht weiter solch einen Unsinn ausbrüten kann,
schickt sie ihn und seine Freunde in die Insektenwerkstatt.
Der Ruf der Insektenwerkstatt ist nicht gerade der beste.
Die meisten Gestalter meinen, es sei unter ihrer Würde, hier zu arbeiten.
Sie mögen die vielen krabbeligen Beine nicht und
finden Insekten insgesamt klein, unbedeutend und aufdringlich.
Insekten stechen und belästigen die größeren Tiere.
Ihre Larven fressen die Blätter von den Bäumen.

Warum wollten Rodolfo und seine Freunde nicht so gerne in der Insektenwerkstatt arbeiten?

Wie kamen Rodolfo und seine Freunde schließlich mit der Arbeit in der Insektenwerkstatt zurecht?

Die Höhen und Tiefen auf Rodolfos Weg

M 6

Setze dich mit einem Partner zusammen.
Sprecht über den Weg Rodolfos von seinem Traum bis zu seinem Ziel.

Schreibt oder malt einzelne Stationen am unteren Rand nebeneinander auf.
Zeichnet über jede einzelne Stationen einen Punkt als Höhe oder Tiefe ein.
Verbindet nun die Punkte miteinander, sodass das Auf und Ab auf Rodolfos Weg erkennbar wird.

Stationen:

Denke über die Schöpfung nach.

Beantworte die beiden Fragen mit deinen Worten.

Welches Wesen findest du wirklich schön? Begründe deine Entscheidung.

Rodolfo sagt: „Das Schöne lässt sich nicht erklären,
aber man spürt genau, wenn etwas wirklich schön ist.“
Wodurch spürst du, dass etwas wirklich schön ist?

Ein Dankgebet

M 8

Stelle dir vor, du bist Rodolfo. Du hast es geschafft und bist glücklich. Du hast ein Insekt erschaffen, das so schön wie eine Blume ist und wie ein Vogel fliegen kann. Du hast dich dabei auch an das Gesetz gehalten.

Schreibe ein eigenes Dankgebet.

Lieber Gott,

Ein passendes Psalmwort finden

M 9

Rodolfo hat es geschafft und ist glücklich.
Er hat ein Insekt geschaffen,
das so schön wie eine Blume ist und wie ein Vogel fliegen kann.
Er hat nicht gegen das Gesetz verstoßen.

?! Suche ein Psalmwort aus, das zu seiner Situation passt und das er sprechen würde.

Schreibe es auf.

Ich habe mich für dieses Psalmwort entschieden:

____

____

____

____

____

Ich finde es passend, weil...

____

____

____

____

Psalmworte

M 10

Du, Gott, bist mein Hirte. (Ps 23,1)	Mit meinem Gott kann ich über Mauern springen. (Ps 18,30b)	Mein Gott, mein Gott, warum hast du mich verlassen? (Ps 22,2)
Gott ist mein Licht und mein Heil; vor wem sollte ich mich fürchten? Gott ist meines Lebens Kraft; vor wem sollte mir grauen? (Ps 27,1)	Meine Zeit steht in deinen Händen. Errette mich von der Hand meiner Feinde und von denen, die mich verfolgen. (Ps 31,16a)	Wer unter dem Schirm des Höchsten sitzt und unter dem Schatten des Allmächtigen bleibt, der spricht zu Gott: Meine Zuversicht und meine Burg, mein Gott auf den ich hoffe. (Ps 91,1-2)
Gott steht auf; so werden seine Feinde zerstreut, und die ihn hassen, fliehen vor ihm. (Ps 68,2)	Deine Gnade reicht so weit der Himmel ist, und deine Treue, soweit die Wolken gehen. (Ps 108,5)	Gott, wie sind deine Werke so groß und viel! Du hast sie alle weise geordnet, und die Erde ist voll deiner Güter. (Ps 104,24)
Danket Gott; denn er ist freundlich, und seine Güte währet ewiglich. (Ps 106,1)	Wer kann die großen Taten Gottes alle erzählen und sein Lob genug verkündigen? (Ps 106,2)	Dein Wort ist meines Fußes Leuchte und ein Licht auf meinem Weg. (Ps 119,105)
Ich gehe oder liege, so bist du um mich und siehst alle meine Wege. (Ps 139,3)	Von allen Seiten umgibst du mich und hältst deine Hand über mir. (Ps 139,5)	Gott hält alle, die da fallen, und richtet alle auf, die niedergeschlagen sind. (Ps 145,14)
Denn er hat seinen Engeln befohlen, dass sie dich behüten auf all deinen Wegen, dass sie dich auf Händen tragen und du deinen Fuß nicht an einen Stein stoßest. (Ps 91,11-12)	Nähme ich Flügel der Morgenröte und bliebe am äußersten Meer, so würde auch dort deine Hand mich führen und deine Rechte mich halten. (Ps 139,9 und 10)	Denn du bist meine Hilfe; verlass mich nicht und tu die Hand nicht von mir ab, Gott, mein Heil. (Ps 27,9)
Du bist meine Zuversicht, ein starker Turm vor meinen Feinden. (Ps 61,4)	Du bist es, mein König und mein Gott. (Ps 44,5)	Ich rufe zu dir, Gott, mein Fels. (Ps 28,1)
Du, Gott, bist der Schild für mich. (Ps 3,4a)	Denn Gott ist Sonne und Licht. (Ps 84,12)	Bei dir ist die Quelle des Lebens, und in deinem Lichte sehen wir das Licht. (Ps 36,10)

Ein Traum wird wahr

M 11

Lies zuerst leise den Text „Ein Traum wird wahr“.

Beantworte dann die beiden unten aufgeführten Fragen mit deinen Worten.

Ein Traum wird wahr

Endlich kann Rodolfo seinen Traum verwirklichen. Er gestaltet Schmetterlinge. Alle anderen Gestalter können sich nicht satt sehen an der Farbenpracht dieser Lebewesen, die so zart wie eine Blume sind und fliegen können wie ein Vogel. Sie haben tiefe Glücksgefühle beim Anblick einer Welt voller Schmetterlinge. Selbst die Weise Alte kann ihre Tränen vor Rührung nicht verbergen.
Die Schmetterlinge sind eine wunderbare Verschmelzung von Vogel und Blume. Solche Schönheit berührt selbst sie noch, obwohl sie schon so viel gesehen hat, und sie weiß, dass sich die Menschen in Zukunft bestimmt viele geheimnisvolle Geschichten über sie ausdenken werden.

Woran erkennst du, dass die Gestalter aller Dinge beim Anblick der Schmetterlinge glücklich sind?

Warum hat die Weise Alte Tränen in den Augen?

Fragen zum Buch

Suche dir fünf Fragen aus.
Du kannst auf der Suche nach Antworten die Stellen im Buch noch einmal leise nachlesen.
Schreibe die fünf ausgewählten Fragen und deine Antworten in dein Heft.

1. Welchen Konflikt hatte Rodolfo zu Beginn der Geschichte?
2. Welchen Traum hatte Rodolfo zu Beginn der Geschichte?

3. Warum musste Rodolfo in die Insektenwerkstatt?
4. Wie fühlte sich Rodolfo in der Insektenwerkstatt?
5. Was machten die Freunde Rodolfos in der Insektenwerkstatt?
6. Was sagte die Weise Alte, als Rodolfo die Fledermaus erschuf?
7. Wie verlief die Begegnung Rodolfos mit dem Hund?

8. Wie fühlte sich Rodolfo, als er die Libelle erfand?
9. Was dachte Rodolfo, als er den Kolibri beobachtete?
10. Welche Idee hatte Rodolfo nach der Beobachtung des Kolibris?
11. Wie erklärte Rodolfo der Weisen Alten, dass er seinen Traum verwirklichen kann und eine eigene Werkstatt für seine Geschöpfe haben möchte?
12. Wie bereitete Rodolfo mit seinen Freunden die Versammlung aller Gestalter vor?
13. Wie reagierten die Gestalter in der Versammlung, als sie Rodolfos Idee sehen konnten?
14. Was hat dir an der Geschichte besonders gut gefallen?
15. Wem möchtest du die Geschichte vorlesen?

Ulrike Itze

Was ist Liebe? – Die Liebe als Kraft der Verbundenheit begreifen – zu sich selbst, den Mitmenschen, zu Gott, zur Natur, zu Tieren, zu Ideen und Dingen (1. bis 4. Schuljahr)

Nun aber bleiben Glaube, Hoffnung, Liebe, diese drei; aber die Liebe ist die größte unter ihnen.
(1.Kor 13,13)

Gott ist die Liebe; und wer in der Liebe bleibt, der bleibt in Gott und Gott in ihm.
(Joh 4,17)

Die Kraft der Liebe
bringt Eisblumen zum Blühen
lässt die Sonne durch dunkle Wolken scheinen
bereitet vor mir einen Blumenteppich aus
weist mir den Weg zum Licht
wärmt mein Herz
und erfüllt mich mit Glückseligkeit
(Edelgard Moers)

Begegnet dem Leben
mit Liebe,
dann wird die Liebe
in eurem Leben
Heimat finden.
(Ulrike Itze)

Lernchancen

Die Kinder haben Lernchancen auf unterschiedlichen Ebenen. Sie sollen …

- ihr eigenes Verständnis der Liebe zum Ausdruck bringen.
- über verschiedene Gedanken zur Liebe nachsinnen und Personen ihrer Umgebung interviewen.
- über ihre Beziehung zu sich selbst nachsinnen und aufmalen, was sie an sich selbst mögen.
- Personen, Tiere oder Elemente der Natur etc. benennen, die sie besonders mögen.
- über die Liebe zu Gott nachdenken und ihre Gedanken verschriftlichen.
- über das alttestamentliche Gebot der Gottes-, Selbst- und Nächstenliebe nachdenken und dieses in einem Schaubild gestalten.
- das Gleichnis vom barmherzigen Samariter kennenlernen und sich mit dem Begriff der Nächstenliebe auseinandersetzen.
- das Hohelied der Liebe lesen und Merkmale der Liebe herausarbeiten.
- ihre Gedanken zum Themenfeld Liebe in verschiedenen Gedichtformen zum Ausdruck bringen.

Zur Sache: Zum Begriff Liebe

Die abendländische Auffassung von Liebe wird von der Dreiteilung Platons geprägt, die in der antiken Philosophie später ausgebaut wurde. Sie basiert auf den folgenden Begriffen: a) *Eros* – bezeichnet die sinnlich-erotische Liebe, das Begehren des geliebten Objekts, den Wunsch nach Geliebt-Werden, die Leidenschaft, b) *Philia* – bezeichnet die Freundesliebe, Liebe auf Gegenseitigkeit, die gegenseitige Anerkennung und das gegenseitige Verstehen, c) *Agape* – bezeichnet die selbstlose und fördernde Liebe, auch die Nächsten- und Feindesliebe, die das Wohl des Anderen im Blick hat. Die genauen Bedeutungen und Schwerpunkte der Begriffe haben sich im Laufe der Zeit verändert, sodass unter platonischer Liebe heute ein rein seelisch-geistiges Prinzip ohne körperliche Beteiligung und Besitzwunsch verstanden wird, dem das leiblich-erotische Modell von geschlechtlicher Liebe schroff gegenübergestellt wird.

Liebe ist im engeren Sinne die *Bezeichnung für die stärkste positive Zuneigung*, die ein Mensch für einen anderen Menschen empfinden kann. Liebe ist eine Emotion, ein Gefühl oder mehr noch eine innere *Haltung positiver, inniger und tiefer Verbundenheit* zu einer Person, die den reinen Zweck einer zwischenmenschlichen Beziehung übersteigt und sich in der Regel durch eine *tätige Zuwendung* zum anderen ausdrückt. Liebe ist also ein Gefühl und eine Fähigkeit, eine Haltung zum Leben und zum anderen Menschen. Hierbei wird nicht unterschieden, ob es sich um eine tiefe Zuneigung innerhalb eines Familienverbundes (Elternliebe), um eine Geistesverwandtschaft im Sinne von Freundschaft (Freundesliebe), um ein körperliches Begehren (geschlechtliche Liebe) oder um ein generelles Begehren ohne Sexualität (platonische Liebe) handelt.

Der Begriff der Liebe – verstanden als Zuneigung und Haltung tiefer Verbundenheit – wurde in der Umgangssprache und in der Tradition schon immer auch im allgemeinen Sinne verwendet und steht dann auch für die stärkste Form der Hinwendung zu anderen Lebewesen (Tierliebe), zur Natur (Naturliebe), zu Sachen, Tätigkeiten oder Ideen (Vorlieben, Hobbys). Diese allgemeine Interpretation versteht Liebe zugleich als Metapher für den Ausdruck tiefer Wertschätzung.

Im weiteren Sinne bezeichnet Liebe eine *ethische Grundhaltung* im Sinne der Wertschätzung des Anderen (Nächstenliebe) oder der Liebe zu sich selbst (Selbstliebe) bzw. eine religiöse Grundhaltung, die die eigene Lebensgestaltung prägt (Liebe zu Gott). Liebe findet in der Handlung seinen Ausdruck.

Damit hat die Liebe verschiedene Arten des Liebesobjekts: Die *Selbstliebe* wird als die Voraussetzung zur Fähigkeit zum Lieben und zur Nächstenliebe angesehen. Zur *Partnerliebe* gehört auch die eheliche Liebe. Zur *familiären Liebe* zählt die Liebe zwischen (engen) Verwandten (Vaterliebe, Mutterliebe, Kindesliebe). Die *Freundesliebe* ist in menschlichen Gemeinschaften von größter Bedeutung. Die *Nächstenliebe* gilt im Sinne von Religion und Ethik primär den Bedürftigen. Die *Feindesliebe* ist eine im Neuen Testament auf Feinde bezogene Nächstenliebe, die oft als christliche Besonderheit gilt, aber in abgeschwächter Form auch in anderen Religionen vorkommt. Die *Objekt- und Ideenliebe* ist insbesondere in jüngerer Zeit ins Zentrum gesellschaftlicher Begriffe gerückt. Auch die *Tierliebe* und die *Liebe zur Natur* zählen dazu. In der weitesten sprachlichen Auslegung „liebt" man seine *Hobbys* oder *Leidenschaften* und kann diese dann auch als Liebhaberei oder Vorlieben bezeichnen. Auch *Ideale* können demnach geliebt werden (vgl. den Begriff Freiheitsliebe) sowie auch *Zugehörigkeiten* (vgl. den Begriff Heimatliebe). Viele Bezeichnungen für Fachgebiete sind auf dem Präfix „phil-" aufgebaut. Hierzu zählen z. B. die Philosophie (Liebe zur Weisheit) und die Philologie (Liebe zu Sprachen).

Eine besondere Rolle nimmt die *Gottesliebe* ein, in ihrer allgemeinen Form die Liebe zu einem Gott oder mehreren Göttern.

Ebenso vielschichtig wie die Bedeutungen der Liebe sind die Bedeutungen der Gegensätze. Im Hinblick auf die emotionale Anziehung zwischen Personen ist es der Hass. Im Sinne der Abwesenheit von Liebe kann aber auch die Gleichgültigkeit als Gegensatz angesehen werden. Fehlentwicklungen der Liebesfähigkeit sind das Besitzdenken (Eifersucht) oder verschiedene Formen der freiwilligen Abhängigkeit bzw. Aufgabe der Autonomie bis hin zur Hörigkeit.

Es gibt zahlreiche Ausdrucksformen der Liebe – von genereller Wertschätzung, einem anerkennenden Klopfen auf die Schulter, einer freundschaftlichen Umarmung, einem liebevollen oder erotischen Kuss bis hin zur körperlichen Vereinigung. Liebe, insbesondere Verliebtheit, kann sich nonverbal durch Blicke, Mimik, Gestik oder Körperhaltung ausdrücken. Beruht die Liebe auf Gegenseitigkeit, drückt der Mensch sie durch Zärtlichkeiten, insbesondere Berührungen, aus. Die körperliche Vereinigung (Sex) kann dabei als intimste Ausdrucksform der Liebe dienen. Verbale Ausdrucksformen sind in erster Linie Bezeichnungen der oder des Geliebten, meistens in Form von Komplimenten und Koseworten bzw. Kosenamen. Konventionelle Formen sind die Liebeserklärung oder der Liebesbrief. Auch Rituale wie die Verlobung oder Symbole wie der Freundschaftsring gehören hierzu. Unterschieden wird zwischen der gegenseitigen und der einseitigen, sogenannten unglücklichen Liebe.

In den Religionen ist die Liebe zu Gott und den Menschen der zentrale Begriff, so auch im Christentum. Analoges gilt für das Judentum und den Islam. Im Buddhismus stehen Mitgefühl (d. h. allumfassendes Mitleid und Mitfreude) und Weisheit in Bezug auf alle fühlenden Wesen (z. B. auch gegenüber Tieren) im Mittelpunkt.

Die Übersicht macht deutlich, wie wichtig es ist, die Liebe zu einer Leitkategorie des Religionsunterrichts zu machen.
Die Auseinandersetzung mit dem Themenfeld „Liebe" ist für Grundschulkinder im Blick auf die Entwicklung und Ausbildung ihrer eigenen Persönlichkeit und ihres Glaubens zentral. Gerade die Phase der 6- bis 10-Jährigen eignet sich besonders gut, da Kinder – vor der Pubertät – noch unbefangen über ihre Gedanken und Gefühle rund um das Thema Liebe reden können. Dieses bietet gleichzeitig eine Hilfe für die Bewältigung der Pubertät. Auch die Liebe muss erlernt werden und bedarf der Hilfestellung.

Zur Sache: Liebe im AT: Das Gebot der Liebe (5.Mose 6,5 und 3.Mose 19,18) – Weiterführung im Neuen Testament

Das 5. Buch Mose handelt im 6. Kapitel von der Aufforderung zur Liebe Gottes: „Du sollst deinen Gott liebhaben von ganzem Herzen, von ganzer Seele, von allem Vermögen" (V. 5). Das 3. Buch Mose handelt im 19. Kapitel vom Umgang des Menschen mit Gott und dem Nächsten. Dabei erscheint in Vers 18 die Selbstliebe als Voraussetzung für die Nächstenliebe und damit auch für die Liebe zu Gott. „Du sollst deinen Nächsten lieben wie dich selbst; denn ich bin dein Gott." Alle drei Arten der Liebe – die Liebe zu Gott, die Selbstliebe und die Nächstenliebe – gehören im alttestamentlichen Sinne untrennbar zusammen. Es ist wichtig, dieses Gedankengut im Alten Testament zu verorten und mit den Kindern zu besprechen, da es im Neuen Testament wieder aufgenommen und weitergeführt wird. So erfahren die Kinder, dass der Begriff „Nächstenliebe" der Tora entstammt (3.Mose 19,18); dem Hebräischen folgt auch die Übersetzung: Liebe deinen Nächsten, denn er ist wie du.

Im Gleichnis vom barmherzigen Samariter wird auf beide Textstellen Bezug genommen und zum Doppelgebot der Liebe zusammengefasst: „Du sollst Gott lieben von ganzem Herzen, von ganzer Seele, von allen Kräften und von ganzem Gemüte und deinen Nächsten wie dich selbst" (Lk 10,27). Durch die Erarbeitung der alttestamentlichen Textstellen können die Kinder bei der Erarbeitung des Gleichnisses den Transfer zur Grundlage im Alten Testament selbst herstellen.
Das Neue Testament greift an vielen verschiedenen Stellen das Gebot der Liebe auf. Auf die Frage eines Schriftgelehrten nach dem wichtigsten ersten Gebot, die damals im Judentum diskutiert wurde, antwortet Jesus in Mk 12,29 ff.: „Das erste ist: Höre, Israel, unser Gott ist der einzige Gott. Darum sollst du deinen Gott lieben mit ganzem Herzen und ganzer Seele, mit all deinen Gedanken und all deiner Kraft. Als zweites kommt hinzu: Du sollst deinen Nächsten lieben wie dich selbst. Kein anderes Gebot ist größer als diese beiden."
Auch in Mk 12,31 macht Jesus deutlich: „Du sollst deinen Nächsten lieben wie dich selbst. Es ist kein anderes Gebot größer als dieses."
Weitere Stellen seien genannt: Mt 22,39: „Das andere aber ist ihm gleich: ‚Du sollst deinen Nächsten lieben wie dich selbst.'", Röm 13,9: „Denn was da gesagt ist: ‚Du sollst nicht ehebrechen; du sollst nicht töten; du sollst nicht stehlen; du sollst nicht falsch Zeugnis geben; dich soll nichts gelüsten', und so ein anderes Gebot mehr ist, das wird in diesen Worten zusammengefasst: ‚Du sollst deinen Nächsten lieben wie dich selbst.'", Gal 5,14: „Denn alle Gesetze werden in einem Wort erfüllt, in dem: ‚Liebe deinen Nächsten wie dich selbst.'", Jak 2,8: „ So ihr das königliche Gesetz erfüllt nach der Schrift: ‚Liebe deinen Nächsten wie dich selbst', so tut ihr wohl.", Joh 13,34: „Ein neues Gebot gebe ich euch, dass ihr euch untereinander liebet, wie ich euch geliebt habe, auf dass ihr einander liebhabet."

Zur Sache: Liebe im NT: Der barmherzige Samariter (Lk 10,25-37)

Das Gleichnis vom barmherzigen Samariter zählt zu den bekanntesten Gleichnissen Jesu im Neuen Testament. Es wird im Evangelium des Lukas (10,25-37) überliefert und gilt als Appell zur tätigen Nächstenliebe.

Das Gleichnis gehört zum lukanischen Sondergut und lässt sich grob in zwei Teile unterteilen: Den ersten Teil bildet die Frage nach dem höchsten Gebot (Lk 10,25-28), der zweite Teil ist die Erzählung „Vom barmherzigen Samariter" (Lk 10,29-37).
Ein Gesetzeskundiger stellt Jesus die Frage nach dem ewigen Leben, worauf Jesus ihn auffordert, das Gesetz zu befragen. Der Gesetzeslehrer zitiert nun 5.Mose 6,5 und 3.Mose 19,18, also die biblische Aufforderung zur Gottesliebe verbunden mit der zur Nächstenliebe: „Du

Itze/Moers: Theologisieren in der Grundschule, Band 2

sollst Gott lieben von ganzem Herzen, von ganzer Seele, von allen Kräften und von ganzem Gemüte und deinen Nächsten wie dich selbst." Auf Jesu Aufforderung, ebenso zu handeln, um zu leben, fragt der Schriftgelehrte Jesus: „Wer ist denn mein Nächster?" Darauf erzählt Jesus das Gleichnis als Beispielgeschichte: „Ein Mann auf dem Weg von Jericho nach Jerusalem geriet unter die Räuber, die ihn ausplünderten und schwer verletzt liegen ließen. Ein vorüberkommender Priester sah ihn und ging weiter, ebenso ignorierte ihn ein Levit. Schließlich sah ihn ein Samaritaner; er erbarmte sich, versorgte seine Wunden und transportierte ihn auf seinem Reittier zur Herberge, wo er den Wirt am folgenden Morgen bezahlte und mit der weiteren Pflege beauftragte, verbunden mit der Zusage seiner Wiederkehr und der Erstattung weiterer Kosten." Anschließend fragt Jesus, wer von den dreien dem Überfallenden der Nächste gewesen sei. Auf die Antwort, es sei der Barmherzige gewesen, fordert Jesus, ebenso zu handeln.

Diese Geschichte beschäftigt sich inhaltlich mit der Frage nach dem Hauptgebot und seiner Erläuterung. So verbindet Lukas die Erzählung mit dem Doppelgebot der Liebe. Nächstenliebe hat eine zentrale Bedeutung im Lukasevangelium, die jedoch immer dem ersten Gebot des Dekalogs (Liebe zu Gott) untergeordnet ist und somit nur von daher verstanden werden kann. Der neutestamentliche Begriff „Nächster" geht auf das Alte Testament zurück, in dem der Begriff im Allgemeinen unserem Wort „Mitmensch" entspricht. Es gibt jedoch mehrere Verstehensmöglichkeiten, so bezeichnet er in erster Linie den Volksgenossen (2.Mose 11,2). Er kann aber auch darüber hinaus bis hin zur Allgemeingültigkeit gehen (2.Mose 33,11). Das Wort kann auch eine bewusste Abgrenzung ausdrücken, mit dem Ziel, das Liebesgebot (3.Mose 19,18) nur auf die eigene soziale Gemeinschaft zu beziehen (5.Mose 15,2). Besonders in der späteren jüdischen Auslegung wurde eine ausdrückliche Begrenzung des Liebesgebots vorgenommen, wonach es nur für Israeliten galt. Es schließt den Fremden und in ganz besonderer Weise den Samaritaner aus. Jesus nimmt nun in der lukanischen Erzählung eine provozierende Umdeutung dieser Verhältnisse vor. Der Jude ist der Hilfsbedürftige und der Samaritaner ist der Barmherzige. Hier findet eine ganz bewusste Umkehrung der Frage nach dem Nächsten in aller Form statt.

Die Zuspitzung, die diese Perikope erhält, ist, dass weder der Priester noch der Levit, die beide am Tempel in Jerusalem arbeiten und somit ein besonderes religiöses Amt ausüben, die Nächstenliebe an dem Opfer leisten. Dies wird in der Exegese damit begründet, dass sie die Unreinheit, die von einem Sterbenden herrührt, vermeiden wollten. Sie hielten sich somit an das vom Gesetz Gebotene. Für Priester gab es in der Tora die Vorschrift, dass sie sich nicht an der Leiche eines Stammesgenossen verunreinigen dürfen, abgesehen von den nächsten Verwandten (3. Mose 21,1 ff.) Wenn der Mann tot gewesen wäre, hätte sich der Priester im Sinne dieses Gebots durch eine Berührung entweiht. Für den Leviten hätte eine Berührung eines Toten nach der Tora (4. Mose 19,4) sieben Tage Tame (rituelle Unreinheit) bedeutet, er wäre also nicht fähig gewesen, seinen Dienst im Tempel zu tun.
Die damaligen Leute hätten nun erwartet, dass als Nächstes ein einfacher Jude kommt, der Barmherzigkeit über eventuelle rituelle Unreinheit gestellt und dem Verletzten geholfen hätte. Im Gegensatz dazu leistet ein Samariter die Nächstenliebe, wobei die Volksgruppe der Samariter und die Juden seit langer Zeit verfeindet sind. Nach der Einnahme Samarias durch die Assyrer (722 v. Chr.) vermischten sich die im Land verbliebenen Juden mit den assyrischen Besetzern. Sie galten den übrigen Juden fortan als kultisch unrein. Auf dem Berg Garizim bauten diese sogenannten Samaritaner einen eigenen Tempel und praktizierten einen eigenen Kult. Als Heilige Schrift galt ihnen nur der Pentateuch.

Aus dem negativen Vorbild des Priesters und des Leviten ergibt sich, dass religiöser Status und religiöse Kasuistik Lieblosigkeit nicht entschuldigen können. Der Samaritaner ist ein Beispiel dafür, dass man gegenüber Notleidenden Barmherzigkeit zeigen soll – ungeachtet aller religiösen und ethnischen Barrieren. Der verletzte Mann wird zum Beispiel dafür, dass selbst der Feind ein Nächster sein kann.
Das Gleichnis vom barmherzigen Samariter verließ im Laufe der Zeit seinen frühchristlich-innerjüdischen Zusammenhang. Nächstenliebe wurde nicht zuletzt durch diese Erzählung zu einer universellen Tugend; Nächstenliebe und Samariterdienst wurden bis ins Sprichwortgut zu Synonymen.
Durch das Gleichnis wird deutlich, dass jeder Mensch einmalig und ein von Gott geliebtes

Geschöpf ist. Das Gleichnis verdeutlicht zudem, dass hilfsbedürftige Menschen Unterstützung brauchen, auch in der Hinsicht, dass jeder Mensch einmal in eine Notlage geraten kann. In biblischer Perspektive ist die Liebe Gottes die Grundlage der Nächstenliebe; christliches Handeln steht immer unter dem Aspekt der Gottesliebe.

Zur Sache: Liebe im NT: Das Hohe Lied der Liebe (1.Kor 13,1-13)

Der Apostel Paulus – und evt. seine Schüler – zitieren manchmal auch Texte, die sie nicht selbst geschrieben haben, z.B. Gebete, Lieder und Hymnen, die in den Gemeinden bekannt waren und im Gottesdienst verwendet wurden. Daneben gibt es noch Texte, die sich nicht ganz in den Briefkontext einfügen, aber dem Inhalt und der Sprache nach durchaus von Paulus stammen können: Hierbei handelt es sich wahrscheinlich um Lehrstücke, die Paulus in seiner Schule ausgebildet hat; also um den Stoff, den er im Unterricht behandelt hat und den seine Schüler – wie damals in den Schulen üblich – auswendig lernten. Ein Beispiel dafür ist das bekannte Hohelied der Liebe, eine Abhandlung über das Wesen der Liebe. Da das Hohelied nicht einfach zu verstehen ist, werden für die Kinder die Verse 4–7 und 13 herausgenommen, da hier die Eigenschaften der Liebe genannt werden.

Vorüberlegungen

Die folgende Unterrichtsreihe zur Frage nach dem Begriff der Liebe behandelt eine der zentralen Grundfragen des menschlichen Lebens: „Was ist die Liebe?" Liebe ist eine elementare Emotion, eine Haltung bzw. eine Fähigkeit des Menschen. Es ist wichtig, dass Kinder lernen, sich mit den verschiedenen Formen der Liebe vertraut zu machen, um die inhaltliche Breite des Begriffes „Liebe" zu erkennen. Bedeutsam ist zudem, dass die Kinder diese Emotion positiv wahrnehmen und leben lernen, um sich ihrer selbst und ihrer Liebesfähigkeit bewusst zu werden und um den Schattenseiten der Liebe – Hass, Feindschaft, Eifersucht und Ablehnung – begegnen zu können.
Die Frage „Was ist die Liebe?" ist oft eng verbunden mit der Frage nach dem eigenen Ich: „Wer bin ich?", „Wer liebt mich?" etc. Die Ideen dieser Unterrichtsreihe können deshalb auch mit der existentiellen Frage „Wer bin ich?" verbunden und im Laufe des Unterrichtsprozesses mit der theologischen Antwort „Ich bin ein von Gott geliebtes Geschöpf" in Korrelation gesetzt werden. Die Aufgabe der Religionslehrerin bzw. des Religionslehrers besteht stets darin, den existentiellen Fragen der Schülerinnen und Schüler Raum zu geben bzw. sie für ihre eigenen Fragen zu sensibilisieren. Nach dem Bewusstwerden und der Gestaltung eigener Fragen (didaktische Zwischenschritte) können diese dann mit theologischen Antworten in Beziehung gesetzt werden, damit die Fragen der Kinder im Sinne „erster" Antwortversuche weitergeführt werden.

Mit der vorliegenden Unterrichtsreihe wird bei den Kindern eine existentielle Fragehaltung am Beispiel der Frage nach dem eigenen Verständnis der „Liebe" gefördert und eingeübt. Fragenkönnen und Antwortenkönnen gehören zu den kindlichen Fähigkeiten, die im Zentrum des Theologisierens stehen.
Die Kinder formulieren zunächst ihre eigenen Gedanken zum Themenfeld „Liebe". Sie setzen sich mit Gedanken anderer Personen auseinander und konkretisieren ihr Verständnis. Sie lernen verschiedene Formen der Liebe – die Liebe zu sich selbst, die Liebe zu den Eltern, die Liebe zu anderen im Sinne von Freundschaft, die Liebe in der Partnerschaft und in der Ehe, die Liebe zu Tieren und zur Natur, die Liebe zu Dingen und Ideen, die Liebe zu Gott – kennen. Sie konkretisieren die Liebe zu sich selbst und benennen Personen, Tiere oder andere Sachen, zu denen sie eine liebevolle Verbindung spüren. Sie setzen sich mit der Liebe zu Gott auseinander. Nach dieser intensiven Auseinandersetzung mit dem Begriff der Liebe treten die Kinder in einen kreativen Dialog mit zentralen Gedanken des Alten und Neuen Testaments. Die Kinder lernen das alttestamentliche Gebot der Liebe zu Gott, sich selbst und dem Nächsten kennen. Sie beschäftigen sich mit dem neutestamentlichen Gleichnis vom barmherzigen Samariter und lesen das Hohelied der Liebe. Dadurch werden die eigenen Gedanken zum Thema Liebe in einen biblisch-theologischen Horizont gestellt, die den Kindern bei der Reflexion und Weiterentwicklung ihres eigenen Verständnisses zum Themenfeld „Liebe" helfen können. Diese Gedanken sollen sie in verschiedenen Gedichtformen verschriftlichen.

Zum Verlauf

1. Sequenz: Was ist die Liebe?

Material:
- Traumreise (s.u.), dazu Musik
- Klangschale
- Plakat mit Kinderfragen, u.a. „Was ist Liebe?"
- Was ich unter Liebe verstehe (**M 1**)
- Gedanken über die Liebe (**M 2**)

Ausgangspunkt der Reihe ist es, dass die Frage „Was ist Liebe?" oder anders formuliert „Bin ich geliebt?"/„Was macht Liebe aus?"/etc. von den Kindern als eine von vielen Fragen zu Beginn oder während des Schuljahres benannt worden ist, denen sie nachgehen wollen. Es bietet sich an, aufkommende Fragen der Kinder an einer Wand im Klassenraum (Plakat etc.) zu dokumentieren, etwa mit der Überschrift: „Über diese Fragen wollen wir nachdenken – unsere Fragen – unsere Gedanken".

In dieser 1. Sequenz werden die Kinder dazu ermutigt, sich eigene Gedanken über die „Liebe" zu machen. Sie sitzen im Kreis und betrachten die Frage „Was ist Liebe?" auf dem Plakat. Sie spüren der Frage in einer Traumreise zur Musik nach, um zunächst die eigenen Gedanken und Gefühle deutlicher wahrnehmen zu können.

Traumreise:
Entspanne dich und komme zur Ruhe. Schließe deine Augen. Stelle dir einen schönen Ort vor, an dem du vielleicht einmal im Urlaub warst. Vielleicht ist dieser Ort auch eine schöne Wiese oder ein Teich in deiner Nähe. – Du genießt diesen Ort und hast ein gutes, liebevolles Gefühl an diesem Platz in der Natur. – Nun nimm dir Zeit, um über eines der wichtigsten Gefühle nachzudenken: über die Liebe. Viele Menschen haben darüber Bücher geschrieben. Doch es bleibt immer noch eine Frage. Was ist eigentlich die Liebe? Spüre den folgenden Fragen nach: Welche Farben hat die Liebe für dich? – Welche Formen, Bilder und Zeichen der Liebe kennst du? – Wen kann der Mensch alles lieben? – Kannst du sagen, was die Liebe für dich ist? Lass dir Zeit und merke dir deine Gedanken und Bilder. Nun strecke und recke dich und komme langsam wieder in unsere Klasse zurück.

Anschließend malen die Kinder ihre Gedanken auf und beschreiben diese (**M 1**).

Der eigene Gedankenhorizont wird erweitert, indem die Kinder nun ihre Gedanken austauschen. Dazu bietet sich alternativ zum Gespräch im Plenum die Methode der Gesprächsmühle an. Die Kinder sitzen sich in einem zahlenmäßig gleich großen Innen- und Außenkreis gegenüber: Die Kinder, die direkt gegenüber sitzen, tauschen sich über ihre Gedanken aus; d.h. z. B., die Kinder des Innenkreises stellen den jeweiligen Partnern des Außenkreises ihre Ergebnisse (**M 1**) vor. Anschließend wechseln die Kinder die Plätze nach Ansage der Lehrperson (z. B. der Innenkreis geht 2 Plätze nach rechts, oder der Außenkreis geht 3 Plätze nach links etc.) und tauschen erneut ihre Gedanken aus, jetzt stellen z. B. die Kinder des Außenkreises den jeweiligen Partnern des Innenkreises ihre Gedanken vor. Die Vorstellungsreihen können beliebig oft fortgesetzt werden. Sind die Kinder fortgeschrittener, können sie sich während des Gesprächs die Gedanken anderer auf einem Zettel notieren und die eigenen Gedanken erweitern.

Ab dem 2. Schuljahr können sich Kinder mit Gedanken anderer Personen zur Liebe (**M 2**) auseinandersetzen. Welche Gedanken verstehen sie? Welche Gedanken sind ihnen fremd? Sie markieren die Gedanken, die sie mögen. In Partnerarbeit tauschen die Kinder ihre Gedanken aus. Gemeinsam überlegen sie, wen sie in der Schule, zu Hause oder in der Nachbarschaft interviewen könnten. Sie führen die Befragung durch, notieren die Ergebnisse und stellen diese im Plenum vor.

2. Sequenz: Die verschiedenen Gesichter der Liebe

Material:
- Die Liebe hat verschiedene Formen: Was ich an mir mag (**M 3**)
- Die Liebe hat verschiedene Formen: Wen und was ich mag (**M 4**)
- Die Liebe Gottes (**M 5**)
- Lied: „Gottes Liebe ist so wunderbar" (**M 6**)

In der 2. Sequenz forschen die Kinder über verschiedene Formen der Liebe: die Liebe zu sich selbst (**M 3**), die Liebe zu den Eltern, Großeltern oder die Freundschaft zu Freunden/

Freundinnen, die Liebe zu den Tieren und der Natur, die Liebe zu Dingen oder Sachen (**M 4**), die Liebe zu Gott (**M 5**).

Kinderbeispiele (3. Schuljahr):
Was ich an mir mag / Wen und was ich mag

Insbesondere über sich selbst nachzudenken und zu sagen, was man selbst an sich mag, fällt Kindern oft sehr schwer (**M 3**). Sie haben über sich selbst bisher noch selten reflektiert, sodass es eine Hilfe ist, dass die Kinder in „ihr" Herz hineinmalen können, welche Vorlieben und Hobbys sie haben und was sie besonders gut können. Diese Übung verhilft den Kindern zu einem positiven Selbstbild. Gerade für Kinder, die nicht sagen können, was sie an sich mögen, ist diese Übung sinnvoll und wichtig. Hilfestellung erhalten diese Kinder durch Anregungen aus dem Klassenverband (etwa durch die Ermutigung: „Du darfst gerne im Klassenraum umhergehen und dich mit anderen Kindern austauschen.") und über die Vorstellung und Würdigung der Arbeitsergebnisse im Klassenverband.

Einfacher dagegen fällt es den Kindern, zu benennen, wen sie mögen (**M 4**): Eltern, Großeltern, Freunde. Darüber hinaus dürfen auch Tiere und Naturplätze genannt werden. Die Kinder erkennen so, dass die Liebe verschiedene „Gesichter" hat. Liebe meint die Zuneigung, die sich auf verschiedene Personen, aber auch auf die Mit- und Umwelt beziehen kann.

„Die Liebe Gottes" ist der dritte Themenkreis, mit dem sich die Kinder auseinandersetzen (**M 5**). Theologisieren heißt: Eindringen in die eigenen theologischen Gedanken, diese formulieren und sich mit anderen darüber austauschen. Die Gedanken der Kinder können auch mit dem Lied „Gottes Liebe ist so wunderbar" (**M 6**) verglichen werden; hier wird die Liebe mit Adjektiven wie groß, tief, hoch charakterisiert. Die Kinder können auch eigene Strophen erfinden, die von Gottes Liebe oder auch von der Liebe der Menschen handeln (z. B.: Mamas Liebe ist so wunderbar).

3. Sequenz: Liebe im Alten Testament

Material:

- Liebe im AT: Das Gebot der Liebe (**M 7**)

In der 3. Sequenz steht das alttestamentliche Gebot der Gottesliebe (Du sollst deinen Gott liebhaben von ganzem Herzen, von ganzer Seele und mit all deiner Kraft. – 5. Buch Mose 6,5) und der Selbst- und Nächstenliebe (Du sollst deinen Nächsten lieben wie dich selbst;

denn ich bin dein Gott. – 3. Buch Mose 19,18) im Zentrum der Auseinandersetzung. Die Kinder arbeiten heraus, welche drei Arten der Liebe bzw. Zuneigung sich in diesem Satz ausdrücken: die Liebe zu Gott (Gottesliebe), die Liebe zu sich selbst (Selbstliebe), die Liebe zum Nächsten (Nächstenliebe). Mit der Liebe zu sich selbst, zu anderen und zu Gott haben die Kinder sich in der 2. Sequenz bereits als Vorbereitung beschäftigt. Sie erfahren nun, dass es schon in der Bibel steht, dass nur der, der sich selbst liebt/mag, auch andere lieben/ mögen kann. Der Begriff des „Nächsten" ist ein Begriff, den Kinder heute nicht mehr kennen, deshalb bedarf dieser der gemeinsamen Erörterung – genauso wie der Begriff der Nächstenliebe. Der Nächste ist immer der, der mir vertraut ist, aber – so meint es das Alte Testament – auch der, der mir oft unvermittelt gegenübersteht: der Mitmensch. Die Kinder gestalten im Anschluss die drei Puzzleteile mit den Begriffen der Liebe (**M 7**).

4. Sequenz: Die Liebe im NT

Material:
- Nächstenliebe im NT (**M 8**)
- Nächstenliebe im NT: Bild zum Gleichnis (**M 9**)
- Die Liebe im NT:
  Das Hohelied der Liebe (**M 10**)

In der 4. Sequenz erarbeiten die Kinder das Gleichnis vom barmherzigen Samariter. Sie lesen den Text (**M 8**) und markieren die Stellen, in denen Nächstenliebe thematisiert wird. Zum besseren Verständnis kann das Gleichnis mit Hilfe von Puppen (Egli-Figuren, Stockpuppen, Handpuppen etc.) gespielt werden. Der Begriff „Nächstenliebe" kann nach dem handelnden Nachvollziehen der Geschichte und ihrer Botschaft sprachlich konkretisiert werden.
Als weiterführende Aufgabe für Kinder des 3. und 4. Schuljahres bietet es sich an, ein Bild aus der Kunst als Interpretationshilfe für die Kinder heranzuziehen. Die Kinder können das Bild beschreiben und eigene Gedanken hinzufügen (**M 9**).

Kinder im 3. oder 4. Schuljahr erarbeiten sich das Hohelied der Liebe. Sie erhalten die Aufgabe, in Partner- oder Gruppenarbeit herauszuarbeiten, wie die Liebe im Neuen Testament verstanden wird, und gestalten ein Plakat (**M 10**).

5. Sequenz: Wie ich die Liebe nun verstehe

Material:
- Gedichte über die Liebe (**M 11a–f**)

Als Abschluss der Unterrichtsreihe bietet sich die Verarbeitung der Gedanken in Form unterschiedlicher Gedichtformen an. Die Beispiele entstammen einem 3. Schuljahr.

Es gibt vielfältige Gedichtformen für die Grundschule; einige sind hier benannt:
Das **Siebenlein** (**M 11a**, ab 2. Schuljahr) ist eine Gedichtform, die aus sieben Zeilen besteht. Ein Wort wird in der ersten, vierten und sechsten Zeile wiederholt aufgeschrieben und in den Zeilen dazwischen werden dazu Gedanken, Erlebnisse, Gefühle und Wünsche formuliert. Edelgard Moers hat das Siebenlein im Sommer 2004 im Rahmen der Durchführung einer Schreibwerkstatt für Kinder und Jugendliche auf Borkum für Grundschulkinder entwickelt.

Liebe
Nicht nur einmal im Leben
immer wieder eine neue Chance für Liebe.
Liebe.
Man fühlt sich froh.
Liebe
Ohne die kann keiner leben.

Beim **Gedankenrondo** (**M 11b**, ab 2. Schuljahr) dreht sich alles um einen Gedanken, der sich wie in einem Karussell mehrmals wiederholt. Es ist eine Gedichtform, die aus fünf Zeilen besteht. Ein Gedanke wird in der ersten, dritten und fünften Zeile wiederholt aufgeschrieben und in den Zeilen dazwischen werden Erlebnisse, Wünsche oder besondere Aussagen dazu formuliert. Edelgard Moers hat das Gedankenrondo im Sommer 2004 im Rahmen der Durchführung einer Schreibwerkstatt für Kinder und Jugendliche auf Borkum für Grundschulkinder entwickelt.

Mein Hund Benni
Er ist mein Freund
Mein Hund Benni
Jeden Tag führe ich ihn aus
Mein Hund Benni

Das **Akrostichon** (**M 11c**, ab 1. Schuljahr) ist eine griechische Gedichtform, bei der die Zeilenanfangsbuchstaben, -silben oder -wörter einen Namen, ein Wort, einen Satz oder einen Sinnspruch ergeben.

Liebe ist im Herz.
Innen drin ist sie.
Etwa wie bei einer Uhr.
Braucht auch eine Batterie – so ähnlich.
Einfach im Körper.

Das **Sinnesgedicht** (**M 11d**, ab 2. Schuljahr) konkretisiert die verschiedenen Sinnesdimensionen, was beim Thema „Liebe“ besonders geeignet ist.

Liebe
Liebe ist bunt.
Liebe schmeckt nach fruchtigem Obst.
Liebe riecht nach Wärme.
Liebe sieht aus wie ein glücklicher Mensch.
Liebe hört sich an wie ein Eichhörnchen.
Liebe ist einfach einmalig.

Die beiden Gedichte **Was-ich-mag-Gedicht** und **Ich-mag-dich-Gedicht** (**M 11e**/**M 11f**, ab 2. Schuljahr) bieten sich insbesondere für Situationen an, in denen Kinder ihre eigene Befindlichkeit reflektieren bzw. auszudrücken lernen, was sie an anderen mögen. Sie sind nicht nur für besondere Tage wie Mutter- oder Vatertag geeignet, sondern können auch als besondere Form für den Postbriefkasten in der Klasse genutzt werden. So üben die Kinder auf lyrische Weise, sich gegenseitig wertzuschätzen und Komplimente zu machen.

Was ich mag
Ich mag es,
wenn du neben mir in der Klasse sitzt.
Ich mag es,
wenn du mir bei den Matheaufgaben hilfst.
Ich mag es,
wenn wir draußen spielen.
Dann fühle ich mich richtig wohl.

Meine Mama
Ich mag
wie du lachst
wie du mir abends eine Geschichte vorliest
wie du mich in den Arm nimmst
ich mag dich

Gedichtformen für weiterführendes Arbeiten:

Ein **Rondell** (ab 3. Schuljahr) ist eine französische Gedichtform und kann aus acht Zeilen bestehen. Die Zeilen 1, 4 und 7 sind gleich, ebenso die Zeilen 2 und 8. Die Zeilen 3, 5 und 6 werden sinngemäß als Einzelverse entsprechend ergänzt.

Der Weg der Liebe
Liebe macht Spaß.
Oft ist sie bei Großen aktiv.
Meistens folgt danach die Hochzeit.
Liebe macht Spaß.
Das Liebespaar geht wahrscheinlich essen.
Vielleicht kriegen sie Kinder?
Liebe macht Spaß.
Oft ist sie bei Großen aktiv.

Das **Sinnesrondo** (ab 3. Schuljahr) ist ein Karussell der Sinneseindrücke. Es stammt aus Deutschland, wurde abgeleitet von dem italienischen Musikbegriff und besteht aus acht Zeilen, wobei einige wie bei einem Karussell wiederkehren. Die Zeilen 1, 3, 5 und 7 sind gleich, ebenso die Zeilen 2 und 8. Die Zeilen 4 und 6 sind einzelne Zeilen, die sinngemäß entsprechend ergänzt werden und bei denen jeweils das Wahrgenommene benannt wird.

Wie man liebt
Jeder Mensch empfindet Liebe.
Kinder haben sie oft zu den Eltern.
Jeder Mensch empfindet Liebe.
Sie ist gemütlich.
Jeder Mensch empfindet Liebe.
Die meisten merken es nicht gleich.
Jeder Mensch empfindet Liebe.
Kinder haben sie oft zu den Eltern.

Das **Wenn-Dann-Gedicht** (ab 3. Schuljahr) hat Edelgard Moers im Sommer 2004 im Rahmen der Durchführung einer Schreibwerkstatt für Kinder und Jugendliche auf Borkum entwickelt. Es ist eine einfache Gedichtform für Jung-Autoren. Die Kinder können drei Gründe aneinanderreihen, die für eine besondere Situation verantwortlich sind und so in einer Wechselbeziehung zueinander stehen.

Zusammen
Wenn ich meiner besten Freundin in die Augen sehe,
wir zusammen Eis essen gehen
und wir über alles reden,
dann bin ich richtig glücklich.

Ein **Elfchen** (ab 1. Schuljahr) ist eine niederländische Gedichtform, die von Jos van Hest aus Amsterdam nach Deutschland gebracht wurde und aus elf Wörtern besteht. In der ersten Zeile steht ein Adjektiv. In der zweiten Zeile steht ein Nomen mit einem Artikel, das sich auf das vorherige Adjektiv bezieht. In der dritten Zeile wird das Nomen mit Adjektiven näher beschrieben. In der vierten Zeile gibt man mit vier Wörtern eine nähere Erläuterung, z. B. in welcher Beziehung man zu diesem Nomen steht. Die letzte Zeile besteht aus einem abschließenden Wort.

befreundet
meine Freundin
wir mögen uns
ich bin richtig glücklich
wunderbar

Was ich unter Liebe verstehe

M 1

?! Was ist die Liebe? An welche Situationen denkst du?

Male ein Bild dazu.

Schreibe deine Gedanken dazu auf. Es kann auch ein Gedicht sein.

Gedanken über die Liebe

M 2

Lies dir die Gedanken über die Liebe durch.

Welchen Gedanken magst du? Begründe.
Tauscht euch in der Klasse über eure Gedanken aus und gestaltet ein Bild dazu.

Liebe ist ein Gefühl, aber auch eine Fähigkeit, die man zeigen muss.

Wenn ich jemanden mag, spüre ich Verbundenheit. Das nenne ich Liebe.

Es gibt viele verschiedene Arten der Liebe: die Liebe zu den Eltern, die Liebe zu den Tieren, die Liebe zur Natur. Auch eine Freundschaft ist eine Form der Liebe.

Es gibt nichts Schöneres, als geliebt zu werden – so wie man ist.

Wer mit der Liebe lebt, ist reich im Herzen. Wer ohne Liebe lebt, ist arm im Herzen.

Wer sich selbst mag, der sieht glücklich aus und lächelt oft.

Meine Oma mag mich. Sie hält mich fest an der Hand, gibt mir Wärme und Geborgenheit und macht mir immer wieder Mut.

Die Liebe zum Leben verleiht dem Leben Sinn.

Uns selbst anzunehmen, so wie wir sind, das ist die Wurzel der Liebe.
Von Anderen angenommen zu werden, so wie wir sind, das ist die Blüte der Liebe.

In der Liebe geht es nicht darum, Recht zu behalten oder sich durchzusetzen.
Es geht darum, einander anzunehmen.

Ich bin ein von Gott geliebter Mensch. Ich bin einmalig, schön und liebenswert.

Gott ist die Liebe; und wer in der Liebe bleibt, der bleibt in Gott und Gott in ihm. (Joh 4,17)

Ich habe drei Schätze, die ich hüte und hege. Der eine ist die Liebe, der zweite ist die Genügsamkeit, der dritte ist die Demut. Nur der Liebende ist mutig, nur der Genügsame ist großzügig, nur der Demütige ist fähig zu herrschen. *(Lao-tse)*

Die wichtigste Stunde in unserem Leben ist immer der gegenwärtige Augenblick;
der bedeutsamste Mensch ist immer der, der uns gerade gegenübersteht;
das notwendigste Werk in unserem Leben ist stets die Liebe. *(Leo Tolstoi)*

Die wichtigste Erkenntnis meines Lebens ist die, dass wir in einem liebenden Universum leben. *(Albert Einstein)*

Interviewe Menschen in deiner Umgebung und frage sie,
was sie unter Liebe verstehen. Schreibe ihre Gedanken auf.

Die Liebe hat verschiedene Formen: Was ich an mir mag

M 3

Das Herz ist ein Symbol für die Liebe.

?! Was magst du an dir selbst?

Gestalte das Herz mit Farben, Formen und Bildern aus.
Du kannst auch etwas dazu schreiben.

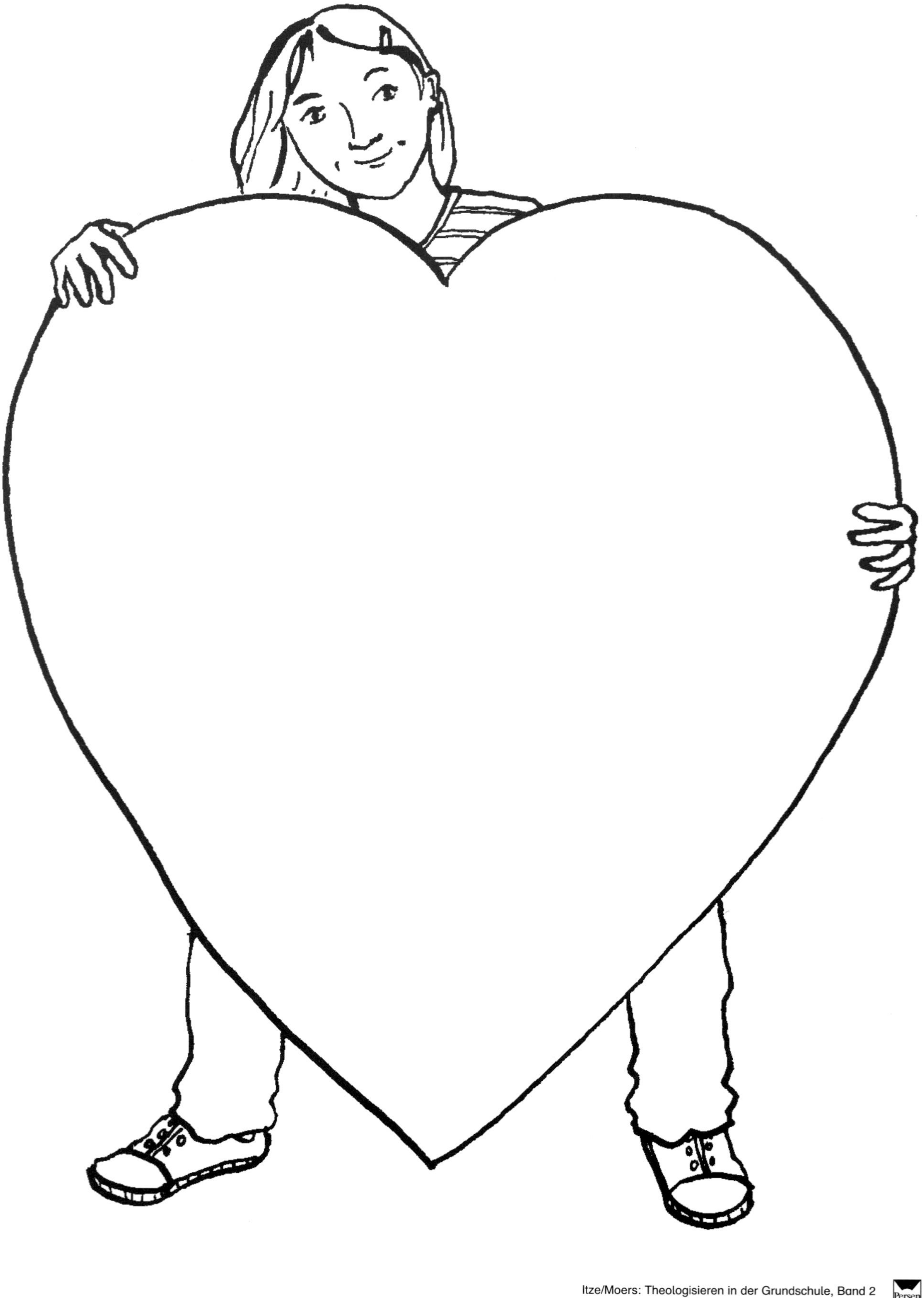

Die Liebe hat verschiedene Formen: Wen und was ich mag

?! Überlege dir, wen und was du gerne magst.

Male die Personen, Tiere, Hobbys, Dinge in der Natur oder andere Sachen in die Herzen. Schreibe dazu, wer oder was gemeint ist.

Wen oder was ich mag:

Die Liebe Gottes

M 5

?! Schaue dir das Bild genau an. Was siehst du? Was denkst du?

Schreibe auf, was du siehst und was du denkst.
Findest du eine Überschrift bzw. einen Titel für das Bild?

Itze/Moers: Theologisieren in der Grundschule, Band 2

Gottes Liebe ist so wunderbar

M 6

Text/Melodie: Spiritual

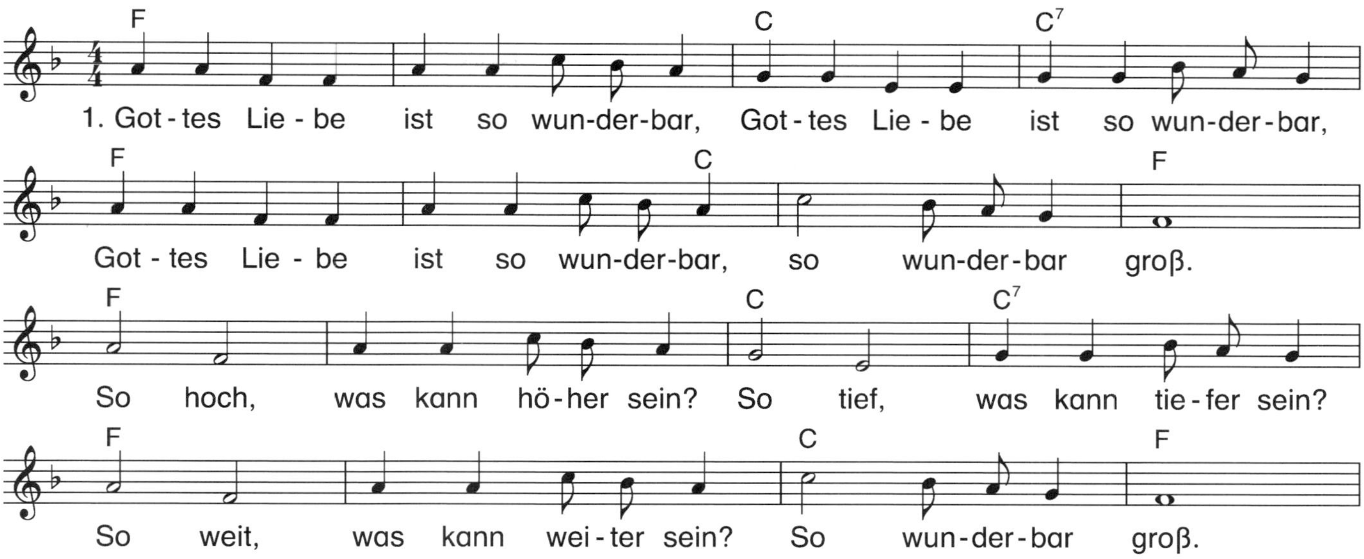

2. Gottes Güte ist so wunderbar,
Gottes Güte ist so wunderbar,
Gottes Güte ist so wunderbar,
so wunderbar groß.
So hoch, was kann höher sein?
So tief, was kann tiefer sein?
So weit, was kann weiter sein?
So wunderbar groß.

3. Gottes Gnade ist so wunderbar,
Gottes Gnade ist so wunderbar,
Gottes Gnade ist so wunderbar,
so wunderbar groß.
So hoch, was kann höher sein?
So tief, was kann tiefer sein?
So weit, was kann weiter sein?
So wunderbar groß.

4. Gottes Treue ist so wunderbar,
Gottes Treue ist so wunderbar,
Gottes Treue ist so wunderbar,
so wunderbar groß.
So hoch, was kann höher sein?
So tief, was kann tiefer sein?
So weit, was kann weiter sein?
So wunderbar groß.

5. Gottes Hilfe ist so wunderbar,
Gottes Hilfe ist so wunderbar,
Gottes Hilfe ist so wunderbar,
so wunderbar groß.
So hoch, was kann höher sein?
So tief, was kann tiefer sein?
So weit, was kann weiter sein?
So wunderbar groß.

Liebe im AT: Das Gebot der Liebe

M 7

Im Alten Testament stehen Gedanken über den Umgang der Menschen mit Gott, mit sich selbst und den Mitmenschen. Alle drei Bereiche sind für die Liebe wichtig.

Du sollst deinen Gott liebhaben von ganzem Herzen, von ganzer Seele und mit all deiner Kraft.“
(5. Buch Mose 6,5)

Du sollst deinen Nächsten lieben wie dich selbst; denn ich bin dein Gott.
(3. Buch Mose 19,18)

Trage die verschiedenen Bereiche in die Puzzleteile ein:
die Liebe zu sich selbst (Selbstliebe),
die Liebe zu den Mitmenschen (Nächstenliebe),
die Liebe zu Gott (Gottesliebe).
Gestalte die Puzzleteile farbig.

Der barmherzige Samariter (Lukas 10,25-37)

Ein Schriftgelehrter wollte Jesus auf die Probe stellen. Er sprach: „Jesus, was muss ich tun, damit ich das ewige Leben bekomme?"
Jesus sprach zu ihm: „Lies, was im Gesetz geschrieben steht!"
Der Schriftgelehrte antwortete und sprach: „Du sollst Gott lieben von ganzem Herzen, von ganzer Seele, von allen Kräften und mit deiner ganzen Person und du sollst deinen Nächsten lieben wie dich selbst." Jesus sprach zu ihm: „Du hast richtig geantwortet; tue das, so wirst du leben."
Der Schriftgelehrte aber wollte sich selbst rechtfertigen und hören, ob er nun richtig lebe, und er sprach zu Jesus: „Wer ist denn mein Nächster?"
Da antwortete Jesus und sprach:

Es war ein Mensch, der ging von Jerusalem hinab gen Jericho und fiel unter die Räuber. Diese zogen ihn aus, schlugen ihn, gingen davon und ließen ihn halbtot liegen. Einige Zeit später kam ein Priester dieselbe Straße entlang; und als er ihn sah, da ging er vorüber. Desgleichen kam auch ein Levit zu der Stelle; er sah ihn und ging vorüber. Schließlich reiste ein Samariter und kam dorthin; und als er ihn sah, hatte er Mitleid mit ihm. Er ging zu ihm, verband ihm seine Wunden, hob ihn auf sein Tier und führte ihn in die Herberge. Dort pflegte er ihn. Am anderen Tag musste er fortreisen. Er holte zwei Groschen und gab sie dem Wirt und sprach zu ihm: „Pflege ihn bitte; und wenn du mehr tun musst, so will ich es dir bezahlen, wenn ich wiederkomme."

Jesus sprach zum Schriftgelehrten: „Was glaubst Du. Wer unter diesen Dreien ist der Nächste für den gewesen, der unter die Räuber gefallen war?" Da sprach der Schriftgelehrte: „Es ist der, der die Barmherzigkeit an dem verletzten Menschen tat." Da sprach Jesus zu ihm: „So gehe hin und tue das Gleiche. Tue Nächstenliebe!"

Lies dir den Text durch.

?! Findet euch in Gruppen zusammen. Überlegt euch gemeinsam, wie ihr die Geschichte spielen könnt. Sprecht über eure Gedanken beim Spiel.

Markiere in Partnerarbeit die Stellen im Text, in denen das Wort Liebe vorkommt. Markiert auch die Stellen, in denen deutlich wird, dass der Samariter den Kranken liebevoll pflegt.

?! Überlegt in der Klasse gemeinsam: Was ist Nächstenliebe im Gleichnis? Findet weitere Beispiele für Nächstenliebe. Klärt den Begriff.

Der barmherzige Samariter (Lukas 10,25-37)

Paula Modersohn-Becker (1907), Der barmherzige Samariter

?! Welche Gedanken hast du zu dem Bild?

Schreibe sie auf.

____

____

____

____

____

____

Die Liebe im NT: Das Hohelied der Liebe

M 10

Das Hohelied der Liebe (nach 1. Korinther 13,4-7;13)

Die Liebe ist geduldig und freundlich,
die Liebe drängt sich nicht auf,
die Liebe ist nicht überheblich,
sie macht sich nicht wichtig,
sie verhält sich nicht rücksichtslos,
sie bleibt nicht nur bei sich selbst,
sie wird nicht zornig,
sie rechnet das Böse nicht an und ist nicht nachtragend,
sie freut sich nicht über die Ungerechtigkeit,
sie freut sich aber an der Wahrheit;
sie erträgt alles,
sie glaubt alles,
sie hofft alles,
sie überwindet und verschmerzt alles.

Nun aber bleiben Glaube, Hoffnung, Liebe, diese drei;
aber die Liebe ist die größte unter ihnen.

Markiert in Partnerarbeit die Wörter oder Textstellen mit einem farbigen Stift, die deutlich machen, wie die Liebe ist.

?! Entscheidet euch für die drei wichtigsten Eigenschaften der Liebe.

Schreibt sie auf.

Gestaltet zusammen ein Plakat über die Liebe:
- Schreibt die Begriffe auf das Plakat.
- Nun könnt ihr dazu malen,
- eure Gedanken dazuschreiben
- oder Bilder aus Zeitschriften suchen und dazukleben.

Tipp: Stellt eure Ergebnisse in der Gruppe vor.
Ihr könnt auch eine Ausstellung machen zum Thema:
Was in der Bibel über die Liebe steht ...

Gedicht über die Liebe: Siebenlein

M 11a

?! Denke über das Wort „Liebe“ nach.

Erstelle auf einem Papier eine Gedankensonne,
in der du Wörter zum Thema Liebe sammelst.

Setze das Wort Liebe jeweils in die erste, vierte und sechste Zeile.
Schreibe in die zweite Zeile, was du unbedingt dazu sagen möchtest.
Schreibe in die dritte Zeile ein Erlebnis dazu auf.
Schreibe in die fünfte Zeile dein Gefühl dazu auf.
Schreibe in die siebte Zeile einen Wunsch dazu auf.

____ (x)

____

____

____ (x)

____

____ (x)

____

Gedicht über die Liebe: Gedankenrondo

M 11b

?! Mache dir viele Gedanken zum Wort Liebe und halte sie in einer Gedankensonne fest.

Schreibe deinen wichtigen Gedanken zum Wort „Liebe“ auf.
Setze diesen Gedanken jeweils in die erste, dritte und fünfte Zeile.
Schreibe in die zweite Zeile, was du unbedingt dazu sagen möchtest.
Schreibe in die vierte Zeile, was dir sonst noch dazu einfällt.

____ (1)

____ (2)

____ (1)

____ (3)

____ (1)

Gedicht über die Liebe: Akrostichon

M 11c

?! Mache dir zuerst Gedanken zum Wort Liebe.
Du siehst das Wort „Liebe“ senkrecht aufgeschrieben.
Die Buchstaben sollen gleichzeitig Anfangsbuchstaben für deine Beobachtungen, Gedanken oder Gefühle sein, die zu dem Wort passen.

Schreibe nun diese kurzen Sätze oder Satzteile in die jeweilige Zeile.
Das Wort Liebe kannst du auch als erstes Wort in der ersten Zeile verwenden.

L ______________________________

I ______________________________

E ______________________________

B ______________________________

E ______________________________

Gedicht über die Liebe: Sinnesgedicht

M 11d

Du siehst als Überschrift das Wort „Liebe“. So soll dein Gedicht heißen.

?! Beantworte nun folgende Fragen:
Welche Farbe hat die Liebe? – Welchen Geschmack hat Liebe? – Wie riecht Liebe?
Wie sieht Liebe aus? – Wie hört sich Liebe an?
Was denkst du sonst noch über die Liebe?

Beantworte die Fragen und schreibe die Antworten auf.
Wenn du alle Fragen beantwortet hast, ist dein Gedicht fertig.

Liebe

Liebe ist ______________________________.

Liebe schmeckt nach ______________________________.

Liebe riecht nach ______________________________.

Liebe sieht aus wie ______________________________.

Liebe hört sich an wie ______________________________.

______________________________.

Gedicht über die Liebe: Was-ich-mag-Gedicht **M 11e**

Wenn du aufzählen möchtest, was du alles magst,
dann kannst du dies in dem Was-ich-mag-Gedicht zum Ausdruck bringen.

?! Was magst du alles? Denke darüber nach.

Schreibe es nun in den ersten drei Versen auf und beschreibe im vierten, was es in dir auslöst.

Was ich mag

Ich mag es,
wenn ______________________________.
Ich mag es,
wenn ______________________________.
Ich mag es,
wenn ______________________________.

Dann ______________________________.

Gedicht über die Liebe: Ich-mag-dich-Gedicht **M 11f**

Wenn du jemanden sehr lieb hast, dann kannst du über ihn ein Gedicht schreiben (z. B. deiner Mutter zum Muttertag oder deinem Vater zum Vatertag, aber auch deinem Freund zum Geburtstag). Du kannst aufzählen, was du an diesem Menschen besonders gern magst. Als Überschrift kannst du den Namen der Person, von der dein Gedicht handelt, nehmen.

?! Über wen willst du ein Gedicht schreiben? Denke über diese Person nach.

Schreibe nun deine Gedanken auf.

____

Ich mag ...

wie du ______________________________.

wie du ______________________________.

wie du ______________________________.

Ich mag dich.

Literatur

Adam, Gottfried: Gespräche gegen die Angst – Erziehung zur Hoffnung. Umgang mit der Angst aus religionspädagogischer Sicht. In: Körtner, Ulrich H.J. (Hrsg.): Angst. Theologische Zugänge zu einem ambivalenten Thema. Neukirchen-Vluyn 2001.

Baudler, Georg: Jesus im Spiegel seiner Gleichnisse. 2. überarbeitete Auflage, München 1988.

Belli, Giaconda: Die Werkstatt der Schmetterlinge. 5. Auflage, Wuppertal 2000.

Bochmann, Reinhard; Kirchmann, Ruth: Kooperatives Lernen in der Grundschule. Zusammen arbeiten – Aktive Kinder lernen mehr. Neue Deutsche Schule. Essen 2006.

Brüning, Ludger; Saum, Tobias: Erfolgreich unterrichten durch Kooperatives Lernen. Strategien zur Schüleraktivierung. Essen 2006.

Bucher, Anton A.; Büttner, Gerhard; Freudenberger-Lötz, Petra; Schreiner, Martin (Hrsg.): „Im Himmelreich ist keiner sauer." Kinder als Experten. Jahrbuch für Kindertheologie. Bd. 2. Stuttgart 2003.

Bucher, Anton A.; Büttner, Gerhard; Freudenberger-Lötz, Petra; Schreiner, Martin (Hrsg.): „Zeit ist immer da" – Kinder erleben Hoch-Zeiten und Fest-Tage. Jahrbuch für Kindertheologie. Bd. 3. Stuttgart 2004.

Bucher, Anton A.; Büttner, Gerhard; Freudenberger-Lötz, Petra; Schreiner, Martin in Verbindung mit Kraft, Friedhelm und Schwarz, Elisabeth E. (Hrsg.): „Vielleicht hat Gott uns Kindern den Verstand gegeben" - Ergebnisse und Perspektiven der Kindertheologie. Jahrbuch für Kindertheologie. Bd. 5. Stuttgart 2006.

Bucher, Anton A.; Büttner, Gerhard; Freudenberger-Lötz, Petra; Schreiner, Martin in Verbindung mit Kraft, Friedhelm und Schwarz, Elisabeth E. (Hrsg.): „Man kann Gott alles erzählen, auch kleine Geheimnisse" – Kinder erfahren und gestalten Spiritualität. Jahrbuch für Kindertheologie. Bd. 6. Stuttgart 2007.

Büttner, Gerhard; Rupp, Hartmut (Hrsg.): Theologisieren mit Kindern. Stuttgart, Berlin, Köln 2002.

Dröscher, Virtus B.: ... und der Wal schleuderte Jona an Land. Die Tierwunder der Bibel naturwissenschaftlich erklärt. 4. Auflage, Hamburg 1992.

Duderstadt, Matthias; Hering, Jochen: Philosophisches Nachdenken in der Grundschule – 10 Thesen zur Arbeit mit Kindern. In: Die Grundschulzeitschrift 185/186, Juni/Juli 2005, S. 9.

Feth, Monika; Boratyński, Antoni: Der Gedankensammler. 4. Auflage, Düsseldorf 2001.

Freudenberg, Hans: Jona: Ninive soll leben. In: Ders. (Hrsg.): Religionsunterricht praktisch. Unterrichtsentwürfe und Arbeitshilfen für die Grundschule. 4. Schuljahr. 6. Auflage, Göttingen 1998, S. 167–181.

Freudenberger-Lötz, Petra: Theologische Gespräche mit Kindern. Untersuchungen zur Professionalisierung Studierender und Anstöße zu forschendem Lernen im Religionsunterricht. Stuttgart 2007.

Fromm, Erich: Die Kunst des Liebens. 61. Auflage, Berlin 2005.

Green, Norm; Green, Kathy: Kooperatives Lernen im Klassenraum und im Kollegium. 2. Auflage, Seelze-Velber 2006.

Heckmann, Gustav: Das sokratische Gespräch. Frankfurt a. M. 1993.

Hertzsch, Klaus-Peter: Der ganze Fisch war voll Gesang. Biblische Balladen zum Vorlesen, Stuttgart 1994.

ITZE, ULRIKE; WINKEL, RAINER: Angst und Mut: Zum Umgang mit „Angst" bei Grundschulkindern. In: ITZE, ULRIKE; ULONSKA, HERBERT; BARTSCH, CHRISTIANE (Hrsg.): Problemsituationen in der Grundschule. wahrnehmen – verstehen – handeln. Bad Heilbrunn 2002, S. 183–203.

ITZE, ULRIKE: Die Jona-Geschichte – Symbol des Bauches. In: Dies.: Kinderängsten in der Grundschule begegnen. Durch Symbole mit der Angst leben. Baltmannsweiler 2007, S. 261–304.

ITZE, ULRIKE: Anspruchsvolles Fördern im Religionsunterricht: Persönlichkeitsförderung im existenzerschließenden Religionsunterricht – verdeutlicht im Umgang mit Kinderängsten. In: HANKE, PETRA u. a. (Hrsg.): Anspruchsvolles Fördern in der Grundschule. Zfl-Verlag. Münster 2008, S. 99–107 (erscheint Ende 2008).

ITZE, ULRIKE; MOERS, EDELGARD: Psalmen. gestalten – erleben – verstehen. 2. überarbeitete Auflage, Buxtehude 2007.

KLIPPERT, HEINZ: Methodentraining. Übungsbausteine für den Unterricht. 14. Auflage, Weinheim 2004.

KRAFT, FRIEDHELM: „Theologisieren mit Kindern" – ein neues didaktisches Leitbild für den Religionsunterricht in der Grundschule? In: theologische Beiträge, 35. Jg. 2004, S. 81–91.

MEYERS KONVERSATIONSLEXIKON. 4. Auflage 1888/89, Stichwort: Glück.

OBERTHÜR, RAINER: Kinder und die großen Fragen. Ein Praxisbuch für den Religionsunterricht. München 2006.

POTTHOFF, ULRIKE: Gespräche mit Kindern. 2. Auflage, Berlin 1995.

RABANUS MAURUS-AKADEMIE (Hrsg.): Was ist Liebe? Zur Tradition eines Begriffes. Frankfurt a. M. 1982.

REIDER, KATJA; VON ROEHL, ANGELA: Wahre Wolkenwunder. Düsseldorf 1997.

SCHWARZ, ELISABETH E.: Philosophieren mit Kindern – ein sinnvoller didaktischer Ansatz in der Schule? Wien 2003 (http://www.erpa.at/download/Kinderphil-Einfuehrung2.pdf).

SIEBERT, UTE: Das sokratische Gespräch. Kassel 1996.

STEFFEN, UWE: Jona und der Fisch. Der Mythos von Tod und Wiedergeburt. 4. Auflage, Stuttgart 1990.

STEFFEN, UWE: Die Jona-Geschichte. Ihre Auslegung und Darstellung im Judentum, Christentum und Islam. Neukirchen-Vluyn 1994.

VELTHUIJS, MAX: Frosch im Glück. Aus dem Englischen von Heike Mayer. München 1996.

VERWEYEN-HACKMANN, EDITH/WEBER, BERND: Handbuch der Methodenkompetenz im Religionsunterricht. Unterrichtspraktische Konkretionen von Fach- und Arbeitsmethoden. Kevelaer 1999.

WEIDENMANN, BERND: Gesprächs- und Vortragstechnik. Weinheim 2002.

WEIDNER, MARGIT: Kooperatives Lernen im Unterricht. Das Arbeitsbuch. 2. Auflage, Seelze-Velber 2005.

WIKIPEDIA: http://de.wikipedia.org/wiki;Stichworte: Glück und Liebe (Zugriff: 17.06.2008).

WOLFF, HANS WALTER: Dodekapropheton 3. Obadja und Jona. In: Ders.; HERMANN, SIEGFRIED. (Hrsg.): Biblischer Kommentar Altes Testament. Bd. XIV/ 3. Teilbd. 1977, S. 53–117.